Coffeana

Coffeana

Lob und Tadel
von Kaffee und Kaffeehaus
in Gedichten
aus vier Jahrhunderten

Herausgegeben
und mit einem Nachwort
versehen
von Ulla Heise

Mit Schablithographien
von Dagmar Schulze

Koehler & Amelang · Leipzig 1988

Coffeana : Lob und Tadel von Kaffee und Kaffeehaus in Gedichten aus vier Jahrhunderten / hrsg. u. mit e. Nachw. versehen von Ulla Heise. Mit Schablithographien von Dagmar Schulze. – Leipzig : Koehler & Amelang, 1988. – 167 S. : 37 Abb.
ISBN 3-7338-0039-7

ISBN 3-7338-0039-7

INHALTSVERZEICHNIS

16./17. JAHRHUNDERT

»Der verständige Mann,
der Tassen voll schäumenden Kaffees leert,
er allein kennt die Wahrheit.«

18. JAHRHUNDERT

»Tranck, in den ich mich verliebet,
breite deine Herrschaft aus . . .«

19. JAHRHUNDERT

»Im Kaffeekränzchen ganz allein
kann man noch frei und selig sein.«

20. JAHRHUNDERT

*»Du hast Sorgen, sei es diese, sei es jene – – –
ins Kaffeehaus!«*

ANHANG

Der verständige
Mann,
der Tassen
voll schäumenden
Kaffees leert,
er allein
kennt
die Wahrheit.

Inscription eines Caffe-Hauses

Komm her du nasses Volck und Freund vom Taback rauchen/
Hier ist ein neu Getränck Caffe und The genandt;
Darbey du kannst mit Lust und Freuden tapfer schmauchen/
Und das Ost-Indien darzu hat hergesandt.

Laß Franckreichs/Spaniens und andre Weine fahren/
Verlache Kniesenack und braunes Zerbster Bier;
Auff daß du die Vernunfft stets mögest wohl bewahren/
Trinck von Caffe und The etliche Schalen hier.

Der Caffe ist so viel als Balsam bey den Türcken/
Sein Pulver hält in sich die gröste Wunder-Krafft/
Er kan viel besser als das Opium noch würcken/
Weil weit geruhiger den Schlaff erweckt sein Safft.

Caffe ist überall gesund und wohl zu trincken;
Wenn von dem Weine halb der Kopff darnieder liegt/
Wenn mit dem Leibe schon die Füsse wollen sincken;
So hat doch allezeit Caffe noch obgesiegt.

Die Dämpfe fällen gleich/des Weines Feuchtigkeiten/
Verschwinden/ehe man es selbsten recht vermerkt;
Man spühret alsobald die Hülff an allen Seiten/
Das Haupt erleichtert sich und wird dadurch gestärckt.

Drumb wer den Nutzen will des Caffe gerne wissen/
Der kehre Augen/Mund und Ohren her zu mir.
Er wärmt den Kopff/ das Hertz/ befreyet von den Flüssen/
Den kalten Winden macht er auff die Hinter-Thür.

Wer von der Colica vom Kopffweh wird geplaget/
Die Bräune/Zahn-Schmertz und die Noth vom Durchlauff hat/
Wen unversehne Furcht und Hertzens-Angst stets naget/
Wer niemahls werden kan vom Venus-Spiele sat/
Der trincke Tag vor Tag sechs warme Caffe-Schalen/
Und schmauche von Taback vier Pfeiffen noch darzu/
Er kan umb schlechten Preiß die Artzeney bezahlen/
Und in gar kurtzer Zeit bekommen wieder Ruh.

Wer auff der Reise hat in Frankreich was bekommen/
Wer aus Italien Rubinen mit gebracht/
Wem das Gesichte hat der Kupffer eingenommen/
Welcher die Finnen sich zum Feinde hat gemacht.

Die müssen allzumahl den Caffe-Tranck gebrauchen/
Kein besser Mittel ist vor sie auff dieser Welt.
Darbey Taback so viel/ als sie selbst gut deucht/ schmauchen/
So wird seyn aller Schmertz vollkommen hingefällt.

Nun also wirckt die Krafft von meiner nassen Wahre/
Wer seinem Leibe und Gesundheit helffen will/
Dem rath ich/ daß er nicht die schlechten Gelder spare/
Sondern vor meiner Thür sehr offte stehe still.

ADOLF PROBST

Mokka

Fünfzehnhundertvierundfünfzig,
Unter Solimann dem Zweiten,
Suchte in Konstantinopel
Sich der Kaffee auszubreiten.

Sultan Solimann gewährte
Seiner Einfuhr freie Wege;
Und so fand der Kaffeehandel
Bei den Türken gute Pflege.

Schams und Hakem aus Damaskus,
Aus Aleppo, treu und bieder,
Ließen sich als Kaffeewirte
In der Stadt des Sultans nieder.

Bauten sich mit hohen Kosten
Eine goldverzierte Klause,
Und die Muselmanen strömten
Also nach dem Kaffeehause;

Um bei Spielen und Gesängen
Bei der Instrumente Tönen,
Ihre Sorgen zu vergessen,
Und dem Mokkatrank zu fröhnen.

So daß sie bei dem Genusse
Sich an Tag und Nacht nicht kehrten
Und den Ruf der Minarette,
Der Mu'ezzin überhörten.

Schams und Hakem sind schon lange,
Lange Zeit nicht mehr am Leben;
Doch dem Mokkatrank noch immer
Ist der Muselmann ergeben.

ARABISCHER ANONYMUS

Lob des Kaffees

O Kaffee! Du verscheuchst jeden Kummer, das Ziel aller Wünsche des Gelehrten bist du.
Er ist das Getränk der Gottesfreunde; er gibt denen Gesundheit, die in seinem Dienst nach Weisheit streben.
Bereitet aus der einfachen Schale der Beere, hat er den Duft von Moschus und die Farbe der Tinte.
Der verständige Mann, der Tassen voll schäumenden Kaffees leert, er allein kennt die Wahrheit.
Möge Gott dem Wahnwitzigen dieses Getränk entziehen, der es mit unverbesserlichem Eigensinn verdammt.
Kaffee ist unser Gold. Wo immer er aufgetragen wird, erfreut man sich der Gesellschaft der trefflichsten und edelsten Männer.
O Trank! Harmlos wie reine Milch, von der du dich nur durch deine Schwärze unterscheidest.

TÜRKISCHER ANONYMUS

O Tadler weiche weit von hier,
Der du dem Namen nach bey uns nur Doctor heissest,
Dein Urtheil vom Cafee scheint mir,
Als ob du dich dabey des Urtheils nicht befleissest:
Dein Schwatzen ist nur Überfluß;
Dann du und deine Schaar müst täglich Leute zehlen,
Die, dir und selbger zum Verdruß,
Den höchst-beliebten Tranck zu ihrem Brauch erwehlen.

TÜRKISCHER ANONYMUS

Die angenehme Frucht, so wir uns auserlesen,
Die uns so guten Tranck für unsre Mäuler giebt,
Ist zu Cair, Alep' und Damas erst gewesen,
Eh' sie der Türcksche Hof zu seiner Lust beliebt.
Dir, Stöhrerin der Ruh, der nichts an Krafft zu gleichen,
Dir müssen seit der Zeit die besten Weine weichen.

ABRAHAM A SANTA CLARA

Das Coffe-Haus

Braucht mit Bedacht/ Was Reue macht
Die mit Coffe gefüllte Schalen,
muß offt ein hohes Spiel bezahlen,
verspielt bleibt die geschätzte Zeit.
Viel besser wäre sich besinnen:
Ich wärme mich Zuviel von innen,
das Hertz wird kalt in Eitelkeit.

ENGLISCHER ANONYMUS

Protest der Frauen
wider die Caffee-Häuser

Laßt uns all/ ihr Weiber/ gehen/
Vor dem hohen Richter stehen/
Daß wir unsre Klage thun;
Weil das Caffee-Hauß sich schwinget/
Und uns gantz in Unglück bringet;
Weil es stört das süsse Ruhn/
Last uns alle protestiren/
Eh wir unser Glück verlieren.

Wo die Caffee-Häuser bleiben/
Und ihr Handwerck ferner treiben/
Ist es gantz um uns verlohrn;
Unsre Männer müssen werden
Voller Schulden und Beschwerden/
Jeder schilt sie aus für Thorn.
Darum last uns protestiren/
Eh sie gar panquerotiren.

Wo wir nicht in Zeiten klagen/
Müssen wir den Schaden tragen/
Und verlieren Hab und Gut;
Denn die Männer nur darinnen
Zu verderben recht beginnen/
Wie es sich stäts zeigen thut;
Darum last uns protestiren/
Eh wir Haab und Gut verlieren.

Unser Geld das wird versoffen/
Durch die Gurgel hingeloffen/
Oder auff dem Bret verspielt/
Das sie von uns angenommen/
Und zum Braut-Schatz mit bekom̄en;
Es wird nur dahin gezielt/
Daß sie solches all verlieren;
Darum last uns protestiren.

Unser Handwerck muß erliegen/
Und die Nahrung selbst sich schmiegen/
Wann die Häuser länger stehn;
Dann der Müssiggang wird grösser/
Wann darin Rosolis-Gläser
Sollen ferner aber gehn.
Darum last uns protestiren/
Eh wir unser Gut verlieren.

O! ihr Weiber/ last uns klagen/
Und dem Richter vorzutragen
Keine Zeit versäumen nicht;
Es ist auff die Spitz gekommen/
Unsre Nahrung abgenommen/
Unser Thun zum Fall gericht;
Darum last uns protestiren
Eh wir Haab und Gut verlieren.

Liebste Kinder/ selbst ihr müsset
Klagen; weil euch sonst zerfliesset
Eure zeitlich Wohlfahrt hin:
Eure Väter die verprassen
Sonst noch alles; thut euch fassen/
Dann es euer selbst Gewinn;
Geht mit uns zu protestiren/
Eh wir Haab und Gut verlieren.

Es kan uns kein Richter schelten;
Es thut uns am meinsten gelten/
Es betrifft das zeitlich Wohl;
Dann solch Häuser thun verderben
Unsre Männer/ daß die Erben
Fluchen/ daß der Teufel hol
Solche Stuben/ wo sie führen
Sünde/ und ihr Glück verlieren.

Nun/ ihr Kinder! thut dann eilen/
Lasset uns nicht mehr verweilen/
Es ist doch die höchste Noth.
Thut ein wenig kläglich scheinen/
Fangt erbärmlich an zu weinen/
Hüllet ein der Wangen roth/
Und last uns gleich protestiren/
Eh wir unser Gut verlieren.

Last uns bald zu Füssen fallen
Vor dem Richter allzumahlen/
Eh wir gar verdorben gehn;
Dann wir müssen warlich klagen;
Und die Noth dem Richter sagen/
Weil es so nicht kan bestehn;
Eh wir unser Glück verlieren/
Müsst ihr zeitlich protestiren.

Alle Wirthe und Bier-Häuser/
Keller/Stuben/Breuhan-Häuser
Können nicht den Schaden thun/
Als die Caffée-Häuser schaffen
Wo die Männer wie die Affen
Weder Tag und Nacht durch ruhn/
Sondern täglich Geld verlieren/
Darum last uns protestiren.

Last uns/ sag ich/ protestiren/
Eh wir unser Heil verlieren:
Und den Bettel-Stab zu Lohn
Endlich gar zu letzt empfangen;
Wann es bleibt/ wie angefangen/
Leben wir in Spott und Hohn.
Darum last uns protestiren/
Eh wir noch mehr Geld verlieren.

Wer nur jetzt kan protestiren/
Und beweglich suppliciren/
Der versäum doch keine Zeit.
Ach! ihr Weiber/ Ach! ihr Kinder/
Unser Geld/ Hauß/ Vieh und Rinder
Wird versoffen ohngescheut/
Wann wir nicht bald protestiren
und beweglich suppliciren.

PASQUINO

Ein Caffée-Mann

Ein Caffée-Mann nichts anders kan/
Als Wasser kochen und verderben/
Viel Schaden einem Land erwerben/
Den kaum die meiste schauen an/
        Er nimmt Gewinn
        Vor Caffée hin/
Mehr als die Juden selbsten nehmen/
Und thut sich keines Weges schämen.

ENGLISCHER ANONYMUS

Petition der Frauen wider die Caffee-Häuser

O Hohe Obrigkeit/ wir fallen hier zu Füssen/
    Weil uns die gröste Noth zu solchem Klagen zwingt/
Und bitten/ daß man mög die Caffée-Häuser schliessen/
    Weil diese Seuche uns um unsere Wohlfahrt bringt;
Dann alles was wir noch von Gold und Silber haben/
Wird gleichsam vest darinn ins Wasser gar vergraben.
Ach unsere Münner sind/ dem Müssiggang ergeben
    Ihr meinstes Dichten steht nur in das Caffée-Hauß;
Es scheint/ als könten sie unmöglich ruhig leben/
    Es wird ihn'n angst und bang/ biß sie zum Hauß hinaus/
Und an den Caffée-Schanck und ans Kamin nur kommen/
Und eine Pfeiff Taback erhitzt zur Hand genommen.
Sie stellen alles hin/ die Nahrung muß zergehen/
    Handthierung muß der Jung und die Gesellen thun/
Die Einnahm geht zurück; wir Weiber müssen sehen/
    Daß unsre Münner nur wie alle Faule ruhn/
Und lieber in dem Brett/ auff Kart- und Würffel spielen/
Als daß sie zu ernehrn uns arme Weiber ziehlen.

Sie sitzen Tag und Nacht und wieder biß zum Morgen/
Und sauffen den Taback in grosser Menge hin
Sie lassen uns allein/ und leben ohne Sorgen/
Verspielen unser Geld in diesen Häusern drinn/
Versauffen Hauß und Hoff und machen große Schulden;
Und dieses müssen wir Jahr aus Jahr ein erdulden/
Wir müssen stäts allein mit unsern Kindern leben/
Und essen gantz betrübt das liebe Brod allein;
Da sie uns Geld zum Marckt zur Nothdurfft solten geben/
So muß es im Caffée all all versoffen seyn.
Und wann sie dann kein Geld zum Caffée trincken wissen/
So heißt es: Frau/ thu mir das Silberwerck auffschliessen;
Da wird der Haußrath dann zum Juden hingetragen/
Und um ein Spott verkaufft/ daß zu erbarmen ist.
Und wann auch dieses fort/ so thun sie endlich fragen:
Wo doch der Schlüssel sey zur grossen eisern Kist?
Da thun den Sparbott sie auch unsern Kindern nehmen/
Wir aber müssen uns in vollem Kummer grämen.
Comtoir, Correspondentz, die müssen Diener führen/
Der Jung muß bey den Waarn allein im Laden seyn
Der Herr sitzt beym Taback/ und thut das Geld verlieren/
Und setzet Weib und Kind in grosse Schulden ein;
Die Diener und die Jung die können sich ernehren/
Wann schon der Herr sich nicht der Schulden kan erwehren.
Ach liebe Obrigkeit! die Ihr den Scepter führet,
Und die Gerechtigkeit in hohen Ehren halt;
Schaut unser Seuffzen an/ das aus der Seelen rühret
Erhöret uns're Klag/ und helfft ihr Richter/ bald!
Bedenckt die Kinder da/ die euch zu Füssen fallen/
Und um die Rettung euch mit lasser Zunge lallen!
Ach brauchet Euer Amt/ das Euch von Gott gegeben/
Und schliesset ohngesäumt doch solche Häuser zu.
Ach! macht/ daß wie zuvor wir glücklich können leben;
Dann diese Häuser die benehmen Fried und Ruh
Sonst müssen wir gesamt zum Hospitale gehen/
Und um ein Stücklein Brod mit unsern Kindern flehen.

Kein ärger Säuche ist auf Erden nun zu finden
kein schlimmer Ding kan man auf dieser weiten Welt
das eher gantze Städt verderben kan ergründen
als ein böß Caffee-Haus das nicht allein das Geld,
Gesundheit/ Haab und Gut den Leuten pflegt zu stehlen,
es raubt zugleich die Zeit/ macht böß die frömmsten Seelen.

Tranck,
in den ich mich
verliebet,
breite deine
Herrschaft aus...

PAVEL KOPTA

Der Türke in Prag

Aus der Stadt Konstantinopel
kam ein Türke, reich und nobel,
Bis nach Prag ins Böhmerland.
Fast ein bißchen aufgeblasen,
Und sein Mantel war zu lang.

Er erzählt von Heldentaten,
Protzt gar sehr mit Golddukaten
Und sucht einen Laden auf.
Hier empfängt man ihn mit Ehren,
Fragt ihn auch nach dem Begehren
Und berechnet schon den Kauf.

»Instrumente möcht' ich haben.
Meinethalb den ganzen Laden,
Doch für türkische Musik!!«
Damit kann der Meister dienen,
Er macht nicht nur Violinen,
Und das ist sein großes Glück.

Denn der Türk will viel Trompeten,
Trommeln auch und ein paar Flöten,
Zahlt mit Gold und geht dann fort.
Auf dem Heimweg durch das Städtchen
Sieht er dann ein feines Mädchen,
Und sein Herz entflammt sofort.

Als er ihr die Lieb' erklärte
Und das Mädchen scheu sich wehrte,
Konnte er das nicht verstehn.
Baruška sagte sehr bescheiden:
»Küssen darf ich keinen Heiden,
Wäre er auch noch so schön.«

Ach, da ahnt der schlaue Türke,
Daß er handelt wie ein Schurke,
Und er sagt auch keinen Laut.
Er fährt schnurstracks ohne Pause
An den Bosporus nach Hause,
Denn dort wartet seine Braut.

Sie ist schön, mit schwarzen Haaren,
Ziemlich jung und unerfahren,
Leider kann sie nichts dafür.
Und bevor er sie besuchte
Und sein Schicksal arg verfluchte,
Ging er heimlich zum Wesir.

Der Wesir hört auf zu rauchen,
Denn Verdruß kann er nicht brauchen,
Und er spricht in diesem Sinn:
»Willst du dich der Pflicht entbinden,
Mußt du schnell von hier verschwinden.«
Dann setzt er sich wieder hin.

»Meine Braut werd ich vergessen,
Und sofort wird aufgesessen!
Du hast mir den Weg gezeigt!«
Er beginnt nach Prag zu rasen,
Denn er will sich taufen lassen,
Eh' er noch vom Pferde steigt.

Baruška umarmt den Christen,
Den so lange schon vermißten,
Und sie nimmt sich ihn zum Mann.
Doch bereits am nächsten Tage
Stellt ihr Vater ihm die Frage,
Ob er sie ernähren kann:

Sieh, da greift mit kalter Ruhe
Allahs Sohn in seine Truhe
Und entnimmt ein Pulver ihr.
»Das ist Kaffee! Kaffee? Kaffee!
Man kocht ihn in der Karaffe!«
Das war siebzehnhundertvier.

Damals hat es sich ereignet,
Was so mancher Prager leugnet
Und was so bedeutsam ist:
Daß die Liebe eines Türken
Konnte so ein Wunder wirken,
Denn er war ein guter Christ.

Doch der Teufel soll ihn holen,
Er hat uns die Ruh gestohlen
Und dazu auch noch das Geld.
Wir sind dem Kaffee verfallen,
Müssen trinken, müssen mahlen,
Und mit Prag die ganze Welt.

Es gäb manchen großen Kummer
Und gestörten Mittagsschlummer
Und manche Krankheit auch nicht mehr,
Wär' der Türk daheim geblieben,
Hätte manches man vermieden!
Schuld daran ist er, nur er!

PICANDER

Der Caffe bleibt mein Element,
Und Lomber mein Vergnügen,
Wer dieses beydes böse nennt,
Muß wie ein Schelme lügen.

Sieh her! Ein Teebrett wird alsbald serviert,
Die Kaffeemühle kracht, die Tasse klirrt . . .
Aus Silberschnauzen nimmt der Trank den Lauf,
Und Chinas irdene Ware nimmt ihn auf.
Geruch, Geschmack tun beide sich genug;
Und manche Tasse leert man Zug auf Zug . . .
Kaffee (der Zaubertrank der Politik
– er macht euch sehend mit geschlossenem Blick).

LOUIS FUZELIER

Vom Cafee. Cantata

Cafee dein recht flüchtges Feuer,
Ist der gantzen Welt bekannt
Und das will die Ober-Hand
Nur an solchen Oertern führen,
Die dem Bacho rebelliren.
Da capo.

O angenehmer Saft!
Von dem der Geist entzückt,
Ja dessen Zauber-Kraft
Dem allerschönsten Leben
Den besten Zusatz weiß zu geben,
Und auch den düstren Schlaf aus unsern Augen rückt,
Was Sorgen und Verdruß in uns verletzen,
Weißt du recht glücklich zu ersetzen.
Du Stern, von dessen Anmuth Glantz und Schein,
Wir, wenn die Sonne weicht, dennoch getröstet seyn,
Wer wolte denn nicht stets an deine Kraft gedencken
Die du uns pflegst durch deine Glut zu schencken,
Du öffnest ja die grosse Bahn,
Auf welcher manch gelehrter Kopf sein Glück

probiren kann.
Minerva selbst, nebst ihren Söhnen,
Weiß deine Wunder-Kraft nach rechtem
Werth zu crönen.

Cafee du angenehme Qvelle
Du tilgst das Gift in Adern aus
Und bringst uns von der Säuffer Stelle
In der vernünftgen Götter Haus
Du weißt vom Schlaf uns zubeleben,
Und Truncknen die Vernunft zu geben.
Wenn kluge Leute trincken wollen,
So opfern sie dir ihre Zeit,
Die ihr Gedächtnüß stärken sollen,
Die gehn zu deiner Süßigkeit
Und wenn Apollo dich verehret,
So wird dein Ruhm dadurch vermehret.
Da capo.

Wer dich recht zu bereiten weiß
Der hat für seine Müh und Fleiß
Vielfältiges Vergnügen,
Ja dein Geruch,
Kan, trotz der Neider Fluch,
Den, so noch nicht kenne, besiegen.

Tranck, in den ich mich verliebet,
Breite deine Herrschaft aus,
Banne aus der Götter Haus
Allen Tranck der dich betrübet,
Suche träncke, die betrügen,
Ohnaufhörlich zu bekriegen,
Neige dann der Erden zu
Den Geschmack der Himmels-Ruh.
Da capo.

Wenn die Frau den Caffée täglich liebet,
für Zucker und für Thée 6. gute Groschen giebet,
und hält unausgesetzt auf solche Weise Haus,
so trägt es jährlich mehr als neunzig Thaler aus.

JOHANN GOTTFRIED KRAUSE

Lob deß Cafee. Cantata

Cafee, Cafee ist mein Leben,
Cafee ist ein Götter-Tranck,
Ohne Cafee bin ich kranck,
Selbst der süsse Saft der Reben
Muß Cafee den Vorzug geben.
Da Capo.

Es mag sich, wer da will,
An Bachi nassen Gaben
Nach Hertzens Appetite laben.
Ich lasse Wein,
Und sollt es Pontac seyn,
In seinen Ehren.
Man lasse mich ein *Köpgen* Cafee nehmen,
So will ich Arissäner Saft
Für diesem Götter-Naß verschweren,
Weil, Cafee, deine Kraft
Die kräftigsten Tincturen kan beschämen.
Zibeth und Zucker muß
Für diesem Trancke passen,
Und durch gerechten Schluß
Das Prä dem Cafee lassen.
Ich glaube, daß die Auen
Der Musen selbst mit Cafee schwanger stehn:
Denn wenn ich will auf Pindus Hügel gehn,
Und ein Gedichte bauen,

So darff ich nur ein Köpgen Cafee brauchen,
Und nach Gelegenheit
Ein Pfeiffgen Tabac darzu rauchen,
So gleich kan ich verspüren,
Daß meinen Kiel die Musen secundiren.
Cafee stärcket Geist und Glieder,
        Cafee schenckt uns neue Lust,
Cafee fördert Reim und Lieder,
        Cafee labt die matte Brust.
Cafee schlägt die Grillen nieder.
                                Da Capo.

Wolan so bleibts dabey:
Nur Cafee soll mein Labsaal seyn.
Die Grillen müssen weichen,
Wo Cafee quillt,
Und was die Hertzen trillt,
Muß hier die Seegel streichen.
Cafee kan uns bey sauren Amtes-Wercken
Weit kräftiger als Magen-Elixir,
Frontiniac und Malvasier,
Durch seine Wärme stärcken.
Kurtz: Cafee geht dem Nectar für.

        Das ist mein stätes ABC:
        Cafee, Cafee, Cafee, Cafee
Denn deine Wunder-Säfte
        Durchströmen Marck und Bein,
Und flössen frische Kräfte
        Den matten Adern ein.
Drum ruff ich, wo ich geh und steh.
Cafee, Cafee, Cafee, Cafee.

Jene Fürstin fragte dort/ als sie eine Kuh gesehen/
die von Geilheit gantz war toll/ was dem armen Vieh
geschehen?
und wie ihm zu helffen sey? Als sie aber wurd bericht/
daß nichts als der Ochsensprung dieser Bestien gebricht/
O! (schrie sie aus vollem Hals) gebt ihr nur Coffé zu
trincken/
gilts! sie wird die Capriol bald verwandeln in ein
Hincken;
Dann seitdem mein Herr Gemahl trincket diese Erbis-
Brüh/
hat er kein Courage mehr zu vergnügter Courtesie.

DEUTSCHER ANONYMUS

Die Jungfern und die Carten Teuscher,
Die Billiarde und Coffee Häußer,
Tri Schagen und daß Lombre Spihl
führt viele ab von Ihre Ziell;
Wer will weuth kommen in d. Welt,
Der Meide diß u. Wahr sein Gelt.

DEUTSCHER ANONYMUS

Cafee und Thee

Es mögen die Getränck mit ihrem Vortheil trutzen
Uns beyd genießt die Welt zur Lust und zu dem Nutzen
Die Nüchternheit hohlt uns aus dem entfernsten Land.
Deß Weines Übermut wird allgemach gerochen.
Sein Sturm durch uns gestillt und seine Macht gebrochen,
Uns trinckt man schwelgerisch und bleibt doch bey Verstand.

PICANDER

Hier ward vor wenig Tagen
ein Königlich Mandat ans Parlament geschlagen,
das hieß: Wir haben längst, und leider! wohl gespürt,
daß bloß durch den Caffee sich mancher ruinirt.
Um diesem Unheil nun bey Zeiten vorzugehen,
soll niemand sich Caffee zu trincken unterstehen,
der König und sein Hof trinckt selben nur allein,
und andre sollen nicht darzu befuget seyn.
Doch dann und wann wird man Permission ertheilen, ec. ec.
Drauf hörte man daselbst ein immerwährend Heulen,
ach! schrie das Weibes-Volck ach, nehmt uns lieber Brot,
denn ohne den Caffee ist unser Leben todt.
Was wollen wir denn früh zum Morgen-Brot geniessen,
nun müssen wir die Zunfft, Caffee zu trincken, schliessen;
Wie offters werden wir bey unsrer Einsamkeit
betrübt zurücke sehn; da war es gute Zeit,
da jene, die, und ich vertraut zusammen kamen,
und bey dem Lomber-Spiel ein Schälgen Caffee nahmen.
Das alles aber brach doch nicht des Königs Sinn,
und kürtzlich starb das Volck als wie die Fliegen hin.
Man trug, gleich wie zur Pest, sie Hauffen-weis zu Grabe,
und pur das Weibes-Volck nahm so erschrecklich abe,
bis man das Mandat zerissen und zerstört,
so hat das Sterben auch in Franckreich aufgehört.

PICANDER

Wer hier nicht Caffe trinckt, wird schrecklich ausgelacht,
Man fängt des Morgens an, und kocht biß in die Nacht,
Und wenn wir nicht drey Pfund im Wochen-Zettel lesen,
So ist gewiß iemand im Hause kranck gewesen.

Cantata

Aria.
Der Thee ist wahrlich nicht gesund.
Coffe soll mein Leibtrunk seyn.
Seiner bräunlichgelben Schwärze
Wiedmet sich mein ganzes Herze
Ungetheilet und ganz allein.
Der Thee ist wahrlich nicht gesund
Coffe soll mein Leibtrunk seyn.

Cleopatrens zerstoßne Perlen,
Der Chymicorum trinkbar Gold
Verschmäht mein ekler Mund.
Ihr fragt: Wie so? Gut! wenn ihrs wissen wollt,
Sie sind vor meinen magren Beutel todtungesund.
Denn wer so kostbar trinkt, der mag sich auch beqvemen
Den Bettelstab zugleich in seine Hand zu nehmen.
Mein Coffe kostet nicht so viel und thut mir eben das,
Er macht mir eben so die trockne Kähle naß,
Und wärmet und belebt durch seine braune Flut
Das stockendkalte Blut.

Aria.
Ihr faulen Adern! wartet nur!
Mein Coffe wird euch schon belebt und munter machen.
Er wird euch gut und dienlich seyn,
Er wird das matte Herz erfreun,
Schnarcht im̄er wie ihr wollt! ihr müst gleichwohl erwachen.
Ihr faulen Adern! wartet nur!
Mein Coffe wird euch schon geschwinde Beine machen.

Er macht die faule Nacht zum arbeitsamen Tage
Gesetzt auch, daß die Uhr schon halber Zwölfe schlage,

Gesetzt auch, daß der Schlaf unüberwindlich scheint:
Der Coffe ist sein Feind,
Der wird ihm schon die Wege weisen;
So bald der in den Magen kommt, muß jener aus den
Augen reisen.
Da sitzt, da spintisirt, da findet der Poete
In der bräunlichschwarzen See, die ihn stärkt und
munter macht,
Auch so gar um Mitternacht
Den Widerschein der Morgenröthe.
Dieses nachgemachte Blut
Ist so balsamisch abgekocht, von so gesunden Kräften,
So daß es auch so gar in den verdrüßlichsten Geschäften
Die angenehmsten Dienste thut.

Aria.

Laßt die Grillen immer schwärmen!
Setzt ein Schälgen Coffe drauf,
Und steckt ein Pfeifgen an: so hört die Unruh auf.
Mit den aufgeworfnen Blasen,
Die des Zuckers Schiffbruch macht,
Gibt des Kummers kurzes Rasen
Steigend, fallend gute Nacht,
Und endigt unversehends den bangen Lebenslauf.
Da capo.

Vivat mein Coffe! mein Schutzgott! mein Freund!
Wer dich verdammt und flieht, der ist mein Feind.
O wie so blind ist doch die falschbelehrte Welt!
Die dich vor ein Gespenste hält,
Vor dem man stets erzittern müste.
Ja! Wenn ich es nicht besser wüste!
So lange bin ich schon mit dir, mein Freund! bekannt,
Und doch umarm ich dich doch allezeit
Ohne Furcht und Bangigkeit
Mit steif- und unbewegter Hand.

Aria.
Sagt was ihr wollt, ihr Mediciner!
Den Coffe macht mir niemand leid.
Ich kan ihn ja unmöglich hassen,
Drum zwingt mich nicht, ihn zu verlassen!
Eh sterb ich zehnmal vor der Zeit.
Sagt was ihr wollt, ihr Mediciner!
Den Coffe macht mir niemand leid.

DANIEL STOPPE

Aria

1.

Ich trinke doch Coffe
Man tadelt mich hierinn vergebens,
Denn dieser Göttertrank bleibt, wo ich steh und geh,
Die beste Nahrung meines Lebens.
Die Weiber wünschen zwar die Bohnen in die Ferne;
Man sieht wohl wie es geht. Die Weiber tadeln gerne.

2.

Ich trinke doch Coffe
Und wenn's die halbe Welt verdrüste.
Man rühme, wie man will, den abgeschmackten Thee,
Gnug, daß ich nach Coffe gelüste,
Der hilft dem Vater auf und stärkt die schwache Mutter,
An dem vertrink ich noch Rock, Knöpf und Unterfutter.

3.

Ich trinke doch Coffe
Man will ihn zwar zum Ketzer machen,
Der den principiis der Alten wiedersteh;
Allein ich muß nur drüber lachen.
Das Bier mag älter seyn! mein Coffe wird drauf sprechen:
Des Alters Vorurtheil kan mein Verdienst nicht schwächen.

4.

Ich trinke doch Coffe
Er stärkt und nährt die matten Glieder.
Treibt andern Wein und Bier die Dünste in die Höh,
Mein Held, mein Coffe schlägt sie nieder.
Verwirrt der Aquavit den Kopf mit nassen Träumen,
So dienet mein Coffe ihn wieder aufzuräumen.

5.

Ich trinke doch Coffe,
Der ist und bleibt bey mir stets Mode,
Ich bade meinen Hals in dieser braunen See
Und trinke mich vielleicht zu Tode.
Coffe, mein einzger Trost! dir will ich treu verbleiben,
Bis Zeit und Grab den Leib ins Buch der Todten schreiben.

SEPTIMO PODAGRA

Schaut die Teutsche Moden-Prasser
sauffen früh das warme Wasser/
statt daß man hielt sonst die Maaß
und ein kräfftig Süppgen aß/
eitle Noth treibt sie indessen/
bald drauff trocken Brod zu essen.
Heist nicht so ein Mode-Tropff
ganz mit Recht ein Suppen-Topff.

ABRAHAM GOTTHELF KÄSTNER

Ermunternde Kraft des Kaffees

Der Schlaf wird vom Kaffee verdrungen.
Kann ein Beweis wohl stärker sein?
Was Reimreich vom Kaffee gesungen,
Las ich jüngst beim Kaffee und schlief dabei nicht ein.

Über den Caffe. CANTATA.

Schweigt stille, plaudert nicht,
Und höret, was ietzund geschicht:
Da kömmt Herr Schlendrian
Mit seiner Tochter, Ließgen, her;
Er brummt ja! wie ein Zeidel=Bär,
Hört selber, was sie ihm gethan!

Aria.

Schl. Hat man nicht mit seinen Kindern
Hundert tausend Hudeley.
Was ich immer alle Tage
Meiner Tochter, Ließgen, sage,
Gehet ohne Frucht vorbey.
Da capo.

Du böses Kind, du loses Mädgen,
Ach! wenn erlang ich meinen Zweck,
Thu mir den Caffe weg.
Ließg. Herr Vater, seyd doch nicht so scharff,
Wenn ich des Tages nicht dreymahl
Mein Schälgen Caffe trincken darf,
So werd ich ja, zu meiner Qvaal,
Wie ein verdorrtes Ziegen-Brätgen.

Aria.

Ey! wie schmeckt der Caffe süsse,
Lieblicher als tausend Küsse,
Milder als Muscaten-Wein.
Caffe, Caffe muß ich haben;
Und wenn iemand mich will laben,
Ach so schenckt mir Caffe ein.
Da capo.

Schl. Wenn du mir nicht den Caffe läst,
So solst du auf kein Hochzeits-Fest,
Auch nicht spatziren gehn.

Ließg. Ach ja!
Nur lasset mir den Caffe da.

Schl. Da hab ich nun den kleinen Affen!
Ich will dir keinen Fischbein-Rock
Nach ietzger Weite schaffen.

Ließg. Ich kan mich leicht darzu verstehn.

Schl. Du solst nicht an das Fenster treten
Und keinen sehn vorüber gehn.

Ließg. Auch dieses; doch seyd nur gebethen
Und lasset mir den Caffe stehn.

Schl. Du solst auch nicht von meiner Hand
Ein silbern, oder goldnes Band
Auf deine Haube kriegen.

Ließg. Ja! ja! nur last mir mein Vergnügen.

Schl. Du loses Liesgen du,
So giebst du mir denn alles zu.

Aria.

Mädgen, die von harten Sinnen,
Sind nicht leichte zu gewinnen.
Doch trifft man den rechten Ort:
O! so kömmt man glücklich fort.
Nun folge, was dein Vater spricht.

Ließg. In allem, nur den Caffe nicht.

Schl. Wohlan! so must du dich beqvemen,
Auch niemals einen Mann zu nehmen.

Ließg. Ach! ja, Herr Vater, einen Mann!

Schl. Ich schwere, daß es nicht geschicht.

Ließg. Bis ich den Caffe lassen kan?
Nun! Caffe bleib nur immer liegen;
Herr Vater hört, ich trincke keinen nicht.

Schl. So solst du endlich einen kriegen.

Aria.

Ließg. Heute noch,
Lieber Vater, thut es doch.
Ach! ein Mann!
Warlich dieser steht mir an.
Wenn es sich doch balde fügte,
Daß ich endlich vor Caffe,
Eh ich noch zu Bette geh,
Einen wackern Liebsten kriegte.

DANIEL WILHELM TRILLER

Lob des Caffe

1.

Ein andrer liebe theure Weine,
Ein andrer rühme starckes Bier,
So zieh ich beyden doch alleine
Den warmen Trank der Bohnen für,
Die uns von weitentfernten Enden,
Die Araber und Türken senden.

4.

Das Wasser hat zwar große Kräfte,
Und stärkt, erfrischt, und nährt die Welt,
Weil es durch seine Wundersäfte
Fast jede Creatur erhält:
Doch, weil es weder riecht, noch schmäcket,
Wird mancher davon abgeschrecket.

5.

Doch wird es mit dem zarten Mehle
Gebrandter Bohnen, angemacht;
Dann wird der leckerhaften Kähle
Die größte Wollust beygebracht;
Alsdann kan der Geschmack sich laben,
Und der Geruch Erquickung haben.

10.

Er dient zur Stärkung den Gesunden,
Den Kranken zu der Arzeney,
Verkürzt die mißvergnügten Stunden,
Und macht das Herz von Schwermuth frey,
Kurz dieser Trank der Saracenen
Gleicht dem Nepenthes der Helenen.

11.

Er ist ein freundlich Ehrenzeichen,
Ein Stifter der Vertraulichkeit,
Er weiß die Feinde zu vergleichen,
Erweckt die Liebe, hebt den Streit,
Und hilft uns die Gesellschaftspflichten
Viel wohlanständiger verrichten.

14.

Man bläßt, man schlürft, man saugt und rühret,
Man trinkt mit Milch; und auch allein;
Wie jeder bey sich Lust verspühret,
So schluckt er diesen Nectar ein,
Den Gott den Sterblichen gegeben,
Damit sie hier vergnügter leben.

55.

Daß er die Fruchtbarkeit verhindern
Die Zeugungskraft vertilgen soll,
Ist auch ganz falsch; wer hat von Kindern
Und Weibern, mehr die Häuser voll;
Als diese Völker gegen Morgen,
Die stets für solche Wollust sorgen?

56.

Caffee heist Kraft, und giebt auch Kräfte,
Er strenget Nerv- und Sehnen an,
Daß er das ehliche Geschäffte
Mehr fördern, als verhindern kan;

Sein Oel und Salz reizt zu der Liebe,
Sein Mehl ernährt die Zeugungsgetriebe.

64.

Last dem Erfinder dieser Bohnen
Violen, Crocus, Rosmarin,
Vergiß mein nicht und Anemonen
Um seine Gruft, zum Ruhme, blühn,
Last Balsam, Wein und Honig fliessen,
Ja last sie mit Caffee begiessen.

JOHANN WOLFGANG GOETHE

An den Kuchenbäcker Händel

O Händel, dessen Ruhm vom Süd zum Norden reicht,
Vernimm den Päan, der zu deinen Ohren steigt!
Du bäckst, was Gallier und Britten emsig suchen,
Mit schöpfrischem Genie, originelle Kuchen.
Des Kaffees Ocean, der sich vor dir ergießt,
Ist süßer als der Saft, der vom Hymettus fließt.
Dein Haus, ein Monument, wie wir den Künsten lohnen,
Umhangen mit Trophä'n, erzählt den Nationen:
Auch ohne Diadem fand Händel hier sein Glück,
Und raubte dem Cothurn gar manch Achtgroschenstück.
Glänzt deine Urn' dereinst im majestät'schen Pompe,
Dann weint der Patriot an deiner Katakombe.
Doch leb'! dein Torus sey von edler Brut ein Nest,
Steh hoch wie der Olymp, wie der Parnassus fest!
Kein Phalanx Griechenlands mit römischen Ballisten
Vermög Germanien und Händeln zu verwüsten.
Dein Wohl ist unser Stolz, dein Leiden unser Schmerz,
Und Händels Tempel ist der Musensöhne Herz.

ANNA LOUISA KARSCH

An die Frau von Reichmann

Viel Kälte stand ich aus, als Armuth mich gejagt
Früh Morgens aus dem Bett, sobald es nur getagt,
Wie ängstlich lief ich da nach Holze,
Bei mir vorüber ging das stolze
Und reiche Bürger-Volk, nicht vornehm, aber doch
Sehr aufgebläht durch kluges Wissen
Des Geldbesitzens, das sie noch
Vielleicht, wie Rauch, verlieren müssen.
...
Ich schleppte mühsam mich und brach das Reisicht klein,
Saß vor dem Ofen hin, und heitzte zittern ein,
Die Kinder vor dem Frost zu schützen;
O Dein Gedanke sieht mich bei dem Ofen sitzen,
Ein Topf mit Wasser steht bei trockner Fichtengluth;
Er kocht, ich heb ihn ab, um Mehl darin zu schütten,
Die Suppe, schlecht und ohne Schmalz, war gut.
Jezt dürfte keiner mich darauf zu Gaste bitten.
Seit dem berühmten Sieg bei Leuthen tadle ich,
Den Kaffee, wenn er nicht so kräftig ist, daß mich
Sein wärmend Oehl beschützt vor einen bösen Husten,
Den alle Suppen mir nicht zu vertreiben wusten;
Jetzt eben komm ich, Frau, und wenn ich Dich geküßt,
So fragt mein erster Blick: Ob Kaffee fertig ist!

AMBROSIUS STUB

Ich mach' dünnen Café/
der starke erhitzt's Blut/
der starke schwächt den Mut/
und gibt auch Herzeweh.

Der Eingang zeigt sogleich in einer Schilderei,
Daß dies des Kaffeegotts geweihter Tempel sei.
Es liegt ein Araber an einem Kaffeebaume;
Ihm bringt in hellem Gold von dem durchsüßten Schaume,
Den man aus Bohnen kocht, die die Levante schickt,
Ein nackter Liebesgott, der lächelnd auf ihn blickt.

Pandur faßt' einen Mut und ging hindurch zum Thron;
Bückt' vor dem Gotte sich und sprach mit rauhem Ton:
»Du, der du mit Kaffee die Leipziger belebest
Und zur vornehmen Frau ein Gärtnerweib erhebest;
Der du mit deinem Trank Holzhacker so beglückst,
Als du im Staatsgemach den großen Herrn entzückst;
Ich nahe mich zu dir, vom fernen Ruf belehret,
Daß dir des Schicksals Macht die seltne Gunst verehret,
Die Zukunft zu durchschaun und in Kaffee zu sehn,
Was Astrologen kaum durch das Gehirn verstehn.

Die Leipziger allein sind deine wahren Feinde.
Wie bin ich nicht erstaunt! wie ist dein Reich verheert!
Es raucht kein Tempel mehr, wo Knaster dich verehrt;
Dein sonst so mächtig Reich naht sich dem Untergange.
Das freie Kaffeehaus seufzt jetzt im sklav'schen Zwange;
Die Stutzer dieser Stadt sind meist von dir getrennt,
Indem ihr Wankelmut den Tee als Gott erkennt.
Und hat die Mode nicht die Neuerung ersonnen
Und die Galanterie den Tee selbst lieb gewonnen?
Nein! Jena, glaube mir, in allem groß und frei,
Verschmäht den weib'schen Tee und ist nur dir getreu.
Willst du die Zukunft noch zu meiner Ruh' durchschauen,
So will ich dir voll Dank drei Kaffeehäuser bauen;
Von nun an soll Kaffee, um Weihrauch dir zu streun,
Wenn hoch geschmauset wird, des Schmauses Anfang sein.«

Hoer mein Bitt, daß ist mein Zweck, laß mir nur den Caffe weck, ach mein Kind was thust gedencken, daß du willst nichts als Caffe trincken, wils du dir es nicht lassen wehren, so wirst du dein Wunder hören.

Ach Vatter nicht so scharff, wan ich Caffe trincken darff, bin ich recht in meinem Vergnügen, will auch gerne auff Steinen liegen, Caffe Caffe du mein Leben, dir hab ich mich gantz ergeben.

Weißt du nicht du loses Kind, daß du solst auff Vatters Winck, sondern nur auff Worten gehen, sonsten wirst du nicht erleben, daß ich dir auff deine Hauben werd ein Goldreichs-Band erlauben.

Ich verlang kein Goldreichsband, wan nur Caffe bleibt im Land, wan nur Caffe in unserem Hause, will auch gerne meine Gransen, von der Hauben herunter trennen, und darbey ein Caffe brennen.

Ich schwör dir bey des Vatters-Pflicht, du bekomst kein Reiffrock nicht, biß du lassest diese Bossen, ich glaub mein Kind du bist geschossen, willst du deinen Vater trutzen, Caffe wird dir wenig nutzen.

Bleibt der Vatter bey seiner Pflicht, ich verlang kein Reiffrock nicht, wan ich nur den Caffe haben, der thut mir mein Hertze laben, darff ich keinen Caffe trincken, so soll man mich ins Grab versencken.

Ey du lose Tochter du, laß dir dan alles zu, thut dich dann der Caffe laben, so solst

du keinen Mann nicht haben, du solst
allzeit Caffe trincken, aber an keinen Mann
gedencken.

Auch nur Vatter einen Mann, ich bitte was
ich bitten kann, dan es stehet in meinem
Vergnügen, daß ich bald einen schönen kriegen,
Caffe Caffe weich von hinnen, wan ich kan
einen Mann gewinnen.

CHRISTIAN FÜRCHTEGOTT GELLERT

Die kranke Frau

Man bringt den Schirm, und sie verläßt das Bette,
so schwach, als ob sie schon ein Jahr gelegen hätte.
Man putzt sie an, geputzt trinkt sie Kaffee,
kein Finger tut ihr weiter weh.
Der Krankheit Grund war bloß ein Kleid gewesen,
und durch das Kleid muß sie genesen.

DANIEL STOPPE

Lamento eines Informatoris privati

Man macht uns auch die Bohnen contreband,
Dann der Coffe ist über unsren Stand,
Und wer ihn trinkt, thut wider sein Gewissen.
Dieß Labsal ist nur bloß vor den Patron.
Wir können uns die Lust zum Trincken schon
Wie's andre Vieh an schlechtem Wasser büssen.

DANIEL STOPPE

Der Caffern wildes Land fängt an und ändert sich,
thut klug und scheint bereits unverbesserlich.
Die Hottentotten sind nicht mehr die vorgen Leute,
Vor fraß man Menschenfleisch, Geschlicke, Darm und Häute;
itzt da dieß tumme Volk den Coffe täglich braucht,
und wie wir Deutschen thun, ein Pfeifgen Knaster schmaucht:
so ist auch auf einmal der rasendwilde Orden,
so tumm er sonsten war, der Weisheit Schoskind worden.
Ihr Coffefeinde schweigt und seyd dem Coffe gut,
der nunmehr in der Welt so grosse Dinge thut!
versuchts einmal und trinkt!
schlägts nicht gleich an: trinkt weiter!
vielleicht werdet ihr durch den Coffee gescheuter.

DEUTSCHER ANONYMUS

Coffee ist und bleibt mein Leben, Coffee ist mein Zeitvertreib,
Coffee kann mir Stärkung geben, Coffee dienet meinen Leib;
thut der Kopf mir schmerzlich weh,
dient mir nichts als nur Coffee.

Wenn der Sonnen Brand und Hitze mich um alle Kraft gebracht,
und ich ganz ohnmächtig sitze, wird mir nur Coffee gemacht,
so wird dadurch unvermerkt wiederum mein Geist gestärkt.

Wenn die kalten Norden-Winde stürmen heftig bey uns ein,
und ich großen Frost empfinde, hilft Coffee für diese Pein;
darum bleibt es fest dabey: Coffee macht von Kälte frey.

Hab ich großes Magendrücken, trink ich alsobald Coffee; empfind ich Schmerzen in dem Rücken, so dienet diese *Panace,* daß sie jenes Uebel heilt, und die Flüsse bald zertheilt.

Auch für Schmerzen in den Füssen, ja für Gicht und Podagra, und die in Fiebern leiden müssen, bringe man nur Coffee nah, sogleich wird der Schmerz vergehn, wenn man nur sieht Coffee stehn.

Wer da Eckel, Uebelkeit, Colik, Mutterbisse fühlt, lasse nur Coffee bereiten, so wird die Pein dadurch gestillt; auch für Schwind- und Lungensucht hilft des Coffees Trank und Frucht.

Will der Ehstand nicht vergnügen, oder Amor scherzt mit euch, Coffee kann den Schmerz besiegen, Coffee stillt die Liebe gleich, Coffee ist gut in der Nacht, weil er frisch und munter macht.

Will der Hunger mich sehr quälen, daß der Magen heftig brummt, darf ich mir nur Coffee wählen, so vergeht er wie er kommt. Also hat Coffee die Art, daß er uns das Brod erspart.

Dringen mich die Nahrungs-Sorgen, stört der Neid gleich meine Ruh; will kein Mensch mir nicht mehr borgen, lache ich nur noch dazu. Wenn mir nur kein Coffee fehlt, werd ich weiter nicht gequält.

Will der Wechsel außen bleiben, ist mein Beutel ausgeleert: Coffee kann die Noth vertreiben, Coffee ist dafür bewährt. Darum sag ich ohne Scheu, daß Coffee vortrefflich sey.

Ja, des Coffees braunes Glänzen schenkt Annehmlichkeit und Lust, damit sich Jung und Alt be-

kränzen, wenn sie mit vergnügter Brust ihren
Staat und Kleider-Pracht wie den Coffee braun
gemacht.

Will die Schönste (der Liebste) mich betrüben,
und verlachet Schwur und Pflicht; zeiget sie
ihr falsches Lieben, da sie Eyd und Treue
bricht; o! so tragt nur Coffee auf, gleich hemmt
sich des Schmerzens Lauf.

Coffee ist und bleibt erhaben über alle Arzeney,
Coffee muß man billig loben, daß er stark und
kräftig sey. Darum sag ich noch einmal: Coffee
dient für alle Quaal.

DEUTSCHER ANONYMUS

Komt, Werth geschäzte Freund! herein zu dem Caffe,
Er ist ein Arzenei vor Haupt und Magen Weh,
Wann euch zuweilen gleich die Speißen nicht recht
schmeken,
Wird er euch auf das neu den Appetit erweken.
Ihr werd auf meine Stub recht freundlich eingeladen,
Es kan ein warm Getrank gewißlich niemand schaden,
Ihr findet jederzeit ein schöne Compagnie,
Viel holde Vögelein die singen spath und früh.

Von allen Zeitungen hört man da discouriren
Und ohne passion vernünftig raisonieren
Bey schönen Billiard nebst denen Damen Spiel
Bedient man sich allda nach dem ein jeder will
Man spielt nicht nach Geuzen die Zeit nur zu passiren
Wer nicht gewinnen will wird auch nicht viel verlieren.
Demnach so stellet euch ihr Herren fleißig ein
Ihr sollt auf meiner Stub allzeit willkommen sein.

ADOLF PROBST

Friedrich der Große

Der Kaffee wurde einst im Preußenlande
Als ein Exot im Handel eingeführt,
Im feinen Hause wie im armen Stande
Nahm er die Stelle ein, die ihm gebührt.

Der große König aber war dagegen,
Ihn dauerte das weggeworfne Geld,
Er war nicht für den Kaffee zu bewegen
Und hatte flugs auch ein Verbot gestellt.

Es hieß darin: Man schädige die Brauer
Und trinke statt des Kaffees wieder Bier,
Denn sein Genuß sei schädlich für die Dauer
Und auch das Geld blieb dann im Lande hier.

Besonders fühle sich der König hier bewogen
Schroff gegen diesen Kaffeetrank zu sein,
Er selbst wär nur mit Suppe aufgezogen,
Die sei gesund und schlage besser ein!

Und allerorts war der Erlaß zu finden. –
Man las ihn mehrmals, schüttelte den Kopf –
Doch ohne sich an das Verbot zu binden,
Saß man daheim bei seinem Kaffeetopf.

Es wirkte das Verbot wie eine Fessel
Die dem Genuß geheimen Reiz verlieh –
Denn auch wo anders brodelte der Kessel,
Beim großen Könige in Sanssouci.

So war die Furcht vor dem Erlaß geschwunden,
Der Handel wagte sich bald frei heraus –
Bald hat der Kaffee seinen Weg gefunden
In alle Gauen und in jedem Haus!

Es ist itzt in der ganzen Welt die große Nahrungsklage; denn überall da fehlt das Geld, das ist der Leuten Plage, darüber klagen groß und klein, daß ihrer itzt nicht wenig seyn, die nicht darüber klagen, zum wenigsten so sagen.

Da allenthalben Holz und Brod Tag täglich mehr aufschlagen; drückt uns noch eine größre Noth, die fast nicht auszusagen: denn es schlägt auf der Weiber Kraft, der Caffee, der ihr Lebenssaft, der doch ihr Labsal ware im zwey und neunz'gsten Jahre.

Viel Weiber sann'n die Kunst nicht aus, wo sich das Geld mit streckte, die nahmen Wurzeln, Gerstenkraut, daß das Gebrannt' auch schmeckte; sie nahmen Milch und Zucker dazu, so hatten doch die Männer Ruh, daß sie es durften wagen ins Bierhaus Geld zu tragen.

Jetzt aber drückt das Elend sie bey uns ohn' alle Maaßen, ohn' Zucker schmeckt der Caffee nie, drum müss'n ihn viele lassen; darum entsteht bey dieser Zeit in Häusern viel Uneinigkeit, Sie will Zucker, Caffee kaufen, und der Mann Brandtwein saufen.

Zucker und Caffee hielt man nicht, vorhin für Gottes Gabe, man trank ihn ohn' Gesang und Klang aus heißen Schälgen, auwe! Jetzt fangen schon die Weiber an: seht, was der Aufschlag richten kann, wenn sie zum Schälgen treten, vor- und nachhero beten.

In Frankreich fängt das Volk schon an darum zu rebelliren, damit allda der Handelsmann soll bill'gere Preiße führen. Weil wir hier viel gezog'ner seyn, so schlägt der Zorn ins Blut hinein; man wird viel Leichen tragen, wenn sie nicht bald abschlagen.

Die Doktor hielten ihn daher für ein auflösend Mittel, er löst geschwinder auf als Bier, die Röcke, Schürz'n und Kittel. Er hält auch nüchtern Jedermann, daß man in kurzem sehen kann, was er hat abgeführt, daß man's am Leibe spührt.

Nun blaue Milch, nun gute Nacht, du hast uns oft betrogen; vor Rahm hat man dich rein gebracht, das Geld uns abgelogen. Bleibt nun mit eurem Rahm zu Haus, macht lieber wieder Butter draus, bis zu den frohen Tagen, da Zucker und Caffee abschlagen.

Hilf Himmel! steh den Männern bey, erleichtre die Beschwerden; sonst wird noch Zank und Schlägerey in vielen Häusern werden; drum gieb ein gesegnetes Caffee-Jahr, damit, weil jetzt das Geld so rar, wir loben deinen Namen beym Caffeetrinken, Amen.

RUDOLPH CHRISTOPH LOSSIUS

Der deutsche Knabe

Ich bin ein deutscher Knabe.
Mein Mut wird stark, wie meine Hand,
Ich lobe mir mein Vaterland,
Das Wäldchen und die Hütte.

Du bist kein deutscher Knabe.
Mit deinem krausen Haar, du trügst,
Ist nicht Natur, pfui, geh, du riechst
Nach Moschus und Lavendel.

Ich bin ein deutscher Knabe.
Um meinen Nacken kräuselt nur
Die Locke mütterlich Natur,
nicht Schöpsentalk noch Eisen.

Du bist kein deutscher Knabe.
Du schlürfst in Punsch, Koffee und Wein
Den Tod in langen Zügen ein;
sieh deine blasse Wange.

Ich bin ein deutscher Knabe.
Siehst du, dort rieselt mir so hell
Mein Labetrank aus klarer Quell;
Da trink ich rothe Wangen.

JOHANN HEINRICH VOSS

Der siebzigste Geburtstag

Aber Mütterchen brannt' am Feuerheerd in der Pfanne
Ueber der Glut den Kaffe, und rührt' ihn
mit hölzernem Löffel:
Knatternd schwitzen die Bohnen,
und bräunten sich; während ein
Duftender Qualm aufstieg, die Küch' und
die Diele durchräuchernd.
Und sie langte die Mühle herab vom Gesimse
des Schornsteins,
Schüttete Bohnen darauf, und nahm sie zwischen die Kniee,
Hielt mit der Linken den Rumpf, und drehte den Knopf
mit der Rechten;
Sammelt' auch oft haushältrisch die hüpfenden Bohnen
vom Schoosse,
Goss dann auf graues Papier den grobgemalenen Kaffe.

Saufgespräch zwischen Mann und Frau

Sie.

Branntewein, du edler Trank,
ohne dich bin ich stets krank.
Branntewein der kann mich laben,
könnt' ich ihn nur immer haben.

Er.

Kommt der Morgen nur heran,
heißt es: ach, mein lieber Mann,
laß uns doch nur Branntwein holen,
kost' es auch die Schuh' und Sohlen.

...

Sie.

Mann, laß doch das Fluchen seyn,
trink doch lieber Branntewein,
gleich wird dir der Zorn vergehen,
wenn du wirst den Branntwein sehen.

Er.

Kauf' dich Kaffée, hier ist Geld,
Frau! auf dich sieht alle Welt,
kaufe Holz und sey zufrieden,
hast du was, so gieb's dem Müden.

Sie.

Ach! jetzt ist der Kaffée theuer,
zum Branntewein braucht man kein Feuer,
drum wollen wir das Holz nicht kaufen,
wir können dafür Branntwein saufen.

CHRISTIAN FELIX WEISSE

Lob des Caffees

Du edler Baum der glücklichen Levante!
Gesegnet sey der Mann, der deinen seltnen Werth
In jener Bohne, die zu feinen Staub er brannte,
In Wasser aufgelöst, zu trinken uns gelehrt!

Wo ist ein Baum in allen Regionen
Der Welt – wo eine Frucht, die dir an Güte glich?
Cacao, Cocos, Palm, Citronen und Limonen,
Ja, selbst den Rebensaft preis' Jeder, nur nicht Ich.

Welch schönes Braun, das hier der Meißner Schale
Ihr silberglänzendes abstechend Weiß erhöht!
Und dann der feine Dampf, der zu dem Göttermahle
Uns ladend, sich empor in sanften Wirbeln dreht!

Zieht ein den Duft, den er um sich verbreitet,
Der, wie ein Indisches Gewürz, uns nicht betäubt,
Zudringlich nicht uns erst zu dem Genuß verleitet,
Und dann zurück uns stößt, und lang unleidlich bleibt.

Doch kostet erst das liebliche Getränke,
Die milde Bitterkeit durch jenes Mark versüßt,
Des edlen Zuckerrohrs, auch uns ein groß Geschenke,
Wie Schade! daß darein der Schweiß des Negers fließt!

Däucht dir es noch zu bitterlich, und hätte
Das tiefe Mohrenbraun für dich die Reizung nicht,
Ein wenig feister Rahm, und siehe! zur Brünette,
Ja zur Blondine selbst färbt sich sein schwarz Gesicht.

Wenn beym Banquet die Zunft der Götter nicket,
Der Scherz des Comus selbst sie nicht ermuntern kann,
Und Ganymedes nur mit Nektar sie erquicket –
Gewiß ist dieß Caffee – so geht das Lachen an.

Beugt deinen Geist die Schwermuth tief zur Erde,
Die Nerven sind erschlafft, das Blut in Adern stockt:
Unthätig ist die Hand, mißmuthig die Geberde,
Die Augen abgewandt, wann dich der Frühling lockt.

Nur nicht geharrt! frisch Caffee abgewogen,
Und ihn den braunen Gott der Thetis in den Arm!
So bald er sie umfaßt, ihr Feu'r an sich gezogen,
Trink! und gleich wird dein Blut in allen Adern warm.

Es ströhmt mit Lust durchs Herz, und jede deiner Kräfte
Spannt sich von neuem auf; dein Geist, dein Witz erwacht,
Du fühlst dich rüstig, stark zu jeglichem Geschäfte,
Und lächelst der Natur, wie sie dir wieder lacht.

Dir drückt der Schlaf mit Bley die Augen nieder:
Geuß nur dieß braune Naß auf dein sich senkend Haupt:
Sogleich erhebt sich die gebeugte Blume wieder,
Und öffnet sich, indem sie dir die Schläf' umlaubt.

Es bohrt in deinem Hirn die wütende Migraine,
Und betteln geht die Kunst des weisen Aeskulap:
Nur diese Arzeney! und eine Freudenthräne
Der Lindrung ströhmt behend in deinen Trank hinab.

Und wenn der Winter itzt mit düstrer Miene,
Aus seinem Bart aufs Land die weißen Locken wirft:
Welch Gastgebot! wenn dann am knisternden Camine
Das edle Bohnenöl die gierge Lippe schlürft!

Schließt sich zugleich ein Creyß von lieben Freunden
Einstimmig im Geschmack, an unserm Lehnstuhl an:
So möcht' ich sehn den Troß von unsrer Ruhe Feinden,
Der, läßt er dich uns nur, den Creyß durchbrechen kann.

Ja bittersüß bist du, o Trank, wie unser Leben!
Und doch das Leben – o was kann uns süßer seyn?
Freywillig wünscht ein Thor es nur zurück zu geben:
Ein bischen Zucker her, so schluckt man Wermuth ein.

Gewiß ist auch mein Leben bald vorüber,
Wenn diesen Labetrank mein Gaum nicht mehr begehrt:
Drum Freunde, lab' er uns je länger, desto lieber!
Und, schmeckt er uns nicht mehr – was ist das Leben werth?

DEUTSCHER ANONYMUS

Männerzank

Weiber, wenn sie Geld erhaschen,
brauchen es oft nur zum Naschen;
kaufen was dem Maul gut schmeckt,
fragen nicht obs Geld noch kleckt.

Manche thut was Guts gern backen,
und Tags viermal Caffee machen;
spricht, wenn ihr der Bauch thut weh,
hilft ihr wieder der Caffee.

Die Kaffee-Schwester

Kaffeechen, Kaffeechen, du himmlischer Trank,
dir weihe sich jetzo mein schönster Gesang!
wallendes Feuer, das Nerven durchglüht,
Kaffee durchglühe, begeistre mein Lied.

Kaum bin ich erwachet, so hör' ich auch schon
des schnarrenden Mühlchens entzückenden Ton.
Noch lausch ich ein Weilchen, und wenn ich aufsteh',
erwartet schon meiner der liebe Kaffee.

So seh' ich beim Frühstück den Morgen vergehn,
bis Mittags die dampfenden Schüsseln da stehn;
und wenn ich nach Tische ein Nickchen gemacht,
wird wieder das liebe Kaffeechen gebracht.

Oft kommen Nachmittags Visiten ins Haus,
oft schlendert man, welche zu gehen, auch aus;
vertreibt sich die Zeit in der Klatsch-Assamblee,
man richtet die Leute und schlürfet Kaffee.

Macht Magenkrampf, Husten und Kopfweh mir Schmerz,
dringt heftig das Blut mir ans zitternde Hertz,
und Blähungen treiben den Leib in die Höh:
gleich ruf ich der Köchin: geht, macht mir Kaffee!

Da sitzen die Männer und zechen beim Wein,
und schlappern die Humpen mit Biere hinein,
im Nebel des Tabacks, der Dampfpanacee;
gesünder wär' ihnen ein Schälchen Kaffee!

Ein Schnäpschen erlaub' ich noch eher den Herrn,
ich selbsten krambamble zuweilen recht gern;
doch allenfalls thu' ich auch darauf Verzicht:
dich, liebes Kaffeechen, versag ich mir nicht!

JOHANN PETER HEBEL

Rätsel

Arabia ist mein Vaterland
in Deutschland werd ich braun gebrannt,
in einer Mühle klein gemahlen,
dann fühl ich heißen Wassers Qualen,
zuletzt gießt man noch Milch mit zu,
trinkt mich und raucht Tabak dazu.

Im
Kaffeekränzchen
ganz allein
kann man noch
frei und
selig sein.

KARL MEISL

Café Jüngling

Zu Jüngling wollen wir uns nun begeben,
In ein solides, altes Haus,
Es hält noch jetzt, trotz seinem längern Leben
Vergleichungen mit Würde aus.

Erst jüngst ward ihm die niedliche Terrasse,
Auf Säulen ruhend, angebaut –
Von der man in die lange Praterstraße
Und in den Fluß darniederschaut.

Da sitzen Christen, Juden, Macedonen
Im allerfriedlichsten Verein, –
Nur dürfte nicht rheumatischen Personen
Der Luftzug convenable sein.

Wenn kaum des Lenzes erstes, leises Wehen
Die Städter in das Freie lockt,
Da muß man hier die bunten Haufen sehen
Und das Gedränge, das da stockt.

HEINRICH HEINE

Nur altdeutsch verstand er, der Patriot,
Nur Jakob-Grimmisch und Zeunisch;
Fremdwörter blieben ihm immer fremd,
Griechisch zumal und Lateinisch.

Er hat, ein vaterländisch Gemüth,
Nur Eichelkaffe getrunken,
Franzosen fraß er und limburger Käs',
Nach letzterm hat er gestunken.

M. GOTTFRIED GÜNTHER RÖLLER

Der Kaffee

In der Walze Form gebrochen
Liegt die Trommel da von Blech.
Jetzo will ich Kaffee kochen,
Mägde, lauf mir keine weg.
    Tummeln müßt ihr euch,
    Faules Wetterzeug!
Soll der Trank für zarte Gäste;
Doch die Köchin tut das beste.

Nehmt die Frucht vom Kaffeebaume,
Aber grünlich laßt sie sein,
In des Bleches hohlem Raume
Schließt die Wunderkörner ein.
    Machet Feuer drum,
    Dreht die Welle um,
Daß der Kaffee sich im Kreise
Färbe nach der rechten Weise.

Was zwischen diesen schwarzen Mauern
Die Hand mit Feuers Hilfe braut,
Darauf wird manche Dame lauern,
Die jetzt am letzten Bissen kaut.
Beleben wird es nach dem Essen
Die Seelen, die bei Tisch geruht.
Vom Stillsten wird es Witz erpressen,
Und Fischen geben warmes Blut.
Was harmlos oft ein armer Junge,
Was still ein Mädchen oft vollbringt,
Der Kaffee trägt es auf die Zunge,
Die es erbaulich weiter klingt.

Ob sich nun die Bohnen bräunen?
Macht den Deckel auf geschwind.

Sehn wir schwitzend sie erscheinen,
Sie zum Mahlen fertig sind.
    Jetzo, Hanne, fort,
    Bring die Mühle dort.
Mahle du die braunen Kohlen,
Christel mag die Sahne holen.

Fertig ist der Kaffee selber,
Doch noch andres gibt's zu tun.
Läppscht hernach, ihr rohen Kälber:
Wollt ihr nah' am Ziele ruhn?
    Schlagt den Zucker klein,
    Wascht die Tassen rein;
Wenn ihr's Silber nicht polieret,
Werd' ich dort beräsonnieret.

Denn wo das Schwarze kommt zum Weißen,
Wo Herr und Dame sich umkreisen,
Da herrscht der Zunge mächt'ger Zwang.
Drum prüfe, wer ein Kleid bestellte,
Ob Farb' und Schnitt die Wahl vergelte.
Der Ball ist kurz – der Spott ist lang.

Wohl! Der Aufguß kann beginnen.
Im Filtriersack ruht das Mehl.
Laßt die heiße Welle rinnen,
Aber gießet ja nicht fehl.
    Himmelelement!
    Hin zur Sahne rennt!
Seht ihr nicht die Haube oben?
Hört ihr's nicht im Topfe toben?

Gieße nun den Topf aus, Hanne,
Seinen Zweck hat er erreicht,
In die blank geputzte Kanne,
Der dein länglich Bild entsteigt.

Bring den Löffel dann,
Daß ich kosten kann.
Was den Gästen gut soll schmecken,
Muß die Köchin erst belecken.

Prächtig ist der Trank gelungen.
Rein und edel im Geschmack.
Schmeichelt er den feinsten Zungen,
Sei's mit Sahnen oder Rack.
Auch die Kanne lehrt
Ihres Inhalts Wert,
Und der Tassen blanke Glocken
Müssen Ohr und Auge locken.

Jetzo gebet euch,
Ihr Mägde, gebet mir die Hände.
Zwar trennen uns verschiedne Stände,
Doch hier sind alle Frauen gleich.
Der Kaffee, hört's, erteilt euch Schwesternrechte.

Jetzo, auf gemalter Scheibe,
Tragt den edlen Kaffee fort;
Daß er bald im stummen Weibe
Wecke das entschlafne Wort.
Alles harret bang
Auf der Tassen Klang.
Sieh, da klirren sie und geben
Das Signal zum neuen Leben!

FERDINAND RAIMUND

Duetto

Quecksilber.

O liebes Madel, schau mich an
Und denk dir, der schöne Mann,
Der Füßchen hat als wie ein Pfau,
Macht dich zu einer gnädgen Frau.

Linda.

Dann geb ich täglich Assemblee,
Und meine Schalen zum Kaffee,
Die müssen von Brillanten sein,
Und goldne Kipfel tunkt man ein.
Dann fahren wir mit Roß und Wagen,

Quecksilber.

Die Pferd laß ich mit Silber bschlagen.

Linda.

Ich lad die schönsten Herrn ins Haus.

Quecksilber.

Und ich, ich wirf sie wieder 'naus.

FERDINAND RAIMUND

Arie des Wurzel

Die Menschheit sitzt um billgen Preis
Auf Erd an einer Tafel nur,
Das Leben ist die erste Speis,
Und 's Wirtshaus heißt bei der Natur.
Die Kinder klein noch wie die Puppen,
Die essen anfangs nichts als Suppen,
Und bloß nur wegn dem *boeuf à la mode*
Schaun d' jungen Leut sich um ein Brot.

Da springt das Glück als Kellner um,
Bringt öfters ganze Flaschen Rum,
Da trinkt man meistens sich ein Rausch
Und jubelt bei der Speisen Tausch.
Auf einmal läßt das Glück uns stecken,
Da kommen statt der Zuspeis Schnecken.
Von Freunden endlich oft verraten,
Riecht man von weitem schon den Braten,
Und bis s' erst bringen das Konfekt,
Geschiehts oft, daß uns schon nichts mehr schmeckt.
Der Totengräber, ach herrje!
Bringt dann die Tasse schwarz' Kaffee
Und wirft die ganze Gesellschaft 'naus.
So endigt sich der Lebensschmaus.

DEUTSCHER ANONYMUS

Kaffee ist der Frauen Bestes,
Kaffee trinke ich gar zu gern;
Und es ist der Uebel größtes,
Wenn der Kaffee mir ist fern.
Wenn des Tages Grau'n mich weckt,
Wird auch Kaffee schon geleckt.

Aerzte sagen: Kaffee schwächet,
Macht das Blut uns dick und träg!
Und beim Kaffeetrinker rächet
Die Natur sich aller Weg!
Doch Verbot'nes bringet oft
Frucht auf die man niemals hofft.

DEUTOBOLD SYMBOLIZETTI
ALEGORIOWITSCH MYSTIFIZINSKY

Kaffeelieder der Mütter

Andre behaupten nun
Sinniglich grübelich,
Dieses geheime Thun
Interpretiere sich
Richtiger, klarer aus
Dem Diodor,
Denn dieses alte Haus
– Bringen sie vor –
Melde beziehlichen,
Schwer zu erklärenden,
Mütter verehrenden
Cult auf Sizilichen.
Trincket Caffee!
    Juchhe!

Uns ist die Conjectur
Uebrigens wurst,
Löscht der Caffe uns nur
Unseren Durst!
Göthe dort oben lacht
Des Labor improbus,
Wenn euch der Zahn erkracht
Ueber der harten Nuß!
Drehet und windet euch,
Zanket euch, schindet euch,
Schreibet und schnörkelet,
Firgelet, nörgelet –
Hoch der Caffee!
    Juchhe!

GEORG WEERTH

Die deutschen Verbannten in Brüssel

Und in den Kaffeehäusern von Brüssel,
Da saßen sie und weinten
Und hingen die Paletots an die Wände
Und tranken Mokka mit Zucker und Kognak
Und seufzten und jammerten sehr – wenn
Dein sie gedachten, germanische Heimat!

Verbannte waren's. Der Zorn des
Sechsunddreißigeinigen deutschen
Bundestag-Gottes verstieß sie –
Stieß sie hinaus, die Geächteten,
Lieblos hinaus in des Auslands
Weiche, sammetgepolsterte Sessel.

Sinnend schaut ich sie oft; und entsetzt dann
Hört ich, wie laut sie zu klagen
Erhoben: »O weh uns! Nimmer
Essen wir jetzt mehr deinen
Pumpernickel, Westfalen! und
Posen, deine Kapusta!

...

Also sangen sie wohl in Brüssel, die
Deutschen Verbannten; – ich hört sie
Klagen im Café des Arts und
Im Café Suisse und im Café der Tausend
Säulen – und Wehmut
Drang durch die liebende Brust mir.

ADOLF PROBST

Beethoven

Spät am Abend hat der große Meister
An den Kochherd langsam sich begeben,
Um die abgespannten Lebensgeister
Durch den Reiz des Kaffees zu beleben.

Seiner Schaffnerin selbst will's nicht glücken,
Wunschgerecht den Kaffee zu bereiten
Für den Meister, der in allen Stücken
Sonst so anspruchslos ist und bescheiden.

Eifrig steht er nun am Feuerherde,
kocht die duftende, zerstoßne Masse.
Daß der Trank auch gut und kräftig werde,
Nimmt er sechzig Bohnen auf die Tasse.

DEUTSCHER ANONYMUS

Café Kranzler

Du kannst mir mal für'n Sechser,
weil wir uns beede kenn'n,
bei Kranzlern um die Ecke
nach Kuchenkriemel renn'n.

Ick je dir nich bei Kranzlern,
det tuste janz jut wiss'n,
bei Kranzlern um de Ecke,
da wirst de rausgeschmiss'n!

JUSTINUS KERNER

Aus den Hadesbildern

Als ich heut' klecksographieret,
Statt mit Tinte mit Kaffee,
Da kam schnell heranspazieret
Die Frau Rätin Salome.
Täglich ging die zur Visite,
Einmal, wenn nicht zweimal gar,
Setzte sich auf Sofas Mitte,
Weil sie die Gelehrtste war.
Angestaunt von den Frau Basen
War sie solchen allen gut,
Jene nur das Kochbuch lasen,
Sie doch die Frau Wildermut.
Sterbend sprach sie: »Zur Visite
Muß ich, hebet mich zur Höh'!«
Doch der Tod kam, sprach: »Ich bitte
Sie mir heut' zum Kaffee!«
Weh! nun sitzt schon viele Wochen
Sie in Hades' Einsamkeit,
Doch als sie Kaffee gerochen,
Hat sie herzlich das erfreut;
Sie ist gut, will oft zitieren
Sie, weil es ihr Freude schafft,
Gerne sie klecksographieren
Mit des Kaffees duft'gem Saft.
Aber als ich's wollt probieren,
Sogar mit Mokkakaffee,
Ließ sie nimmer sich verführen;
Deutlich ich daraus erseh',
Daß sie von der Erde Tand
Reuig sich zu Gott gewandt.

Man fing nun an, den Kaffee zu servieren.
Und auf Tabletts mit Blumenmalerei
Bracht' Tassen man, die jede Tafel zieren,
Von echtem Meißner Porzellan herbei,

Mit breitem Goldrand. Und zu jeder Tasse
Ein Kännchen Sahne, und den braunen Trank
Kredenzte reichlich man in großer Masse
In weiten Silberkannen, schwer und blank.

Denn solchen Kaffee wie bei uns in Polen
Gibt es in keinem andern Land der Welt.
Hier muß man, ich bekenn's ganz unverhohlen,
In jedem Haus, das etwas auf sich hält,

Zum Kaffee ein Geheimrezept verwenden,
Das einer Frau, die hoch in Ehren steht,
Allein man übergibt zu treuen Händen,
Daß das Geheimnis nie verlorengeht.

Wie soll der Kaffee sein? Schwarz wie die Kohlen!
Oder wie Bernstein, durchsichtig und klar,
Flüssig wie Honig, den die Bienen holen.
Das ist der echte Göttertrank fürwahr!

Was gute Sahne zum Kaffee bedeutet,
Wer weiß das nicht? Und so kommt auf dem Land
Frühmorgens, wenn die Butter man bereitet,
Auch gleich die Kaffeeköchin angerannt

Mit ihren Töpfen, und von jeder Schale
Mit Milch von gestern nimmt mit leichter Hand
Die Sahne sie, es wird zu jedem Mahle
Ein Kännchen jeder Tasse zuerkannt.

DEUTSCHER ANONYMUS

Das Kaffeekränzchen

Im Kaffeekränzchen ganz allein
kann man noch frei und selig sein.
Der Schwestern Chor, so voll und dicht,
Ist's Volk, das meine Sprache spricht.
Wo keine Zunge brach gelegt,
Wo man dem Stadtklatsch Rechnung trägt,
Wo alle Tassen aufersteh'n
Und bald geleert vorübergeh'n.
Dort ruf' ich oft in stolzem Glück,
Und hundertstimmig tönt mir's zurück:
»O Kaffeekränzchen, so hehr und groß,
Dort – wo du nicht tagst – dort ist nichts los!«

DEUTSCHER ANONYMUS

Frau Immerdurst, geborne Kaffeelieb

Eher will ich Männer hassen,
als den lieben Kaffee lassen.

Was gleicht dir, edler Bohnensaft?
Wo ist ein Trank, der solche Kraft
Den Menschen könnte geben?

Trinkt gleich mein Mann, Hans Immerdurst,
Zwölf Kannen Bier zu Brod und Wurst,
Der Kaffee bleibt mein Leben.

AUGUST HEINRICH
HOFFMANN VON FALLERSLEBEN

Café National

Welch ein Flüstern, welch ein Summen!
Welch ein stiller Lesefleiß!
Nur Marqueure schrei'n und brummen:
Tasse schwarz! und Tasse weiß!

Und die Zeitungsblätter rauschen,
Und man liest und liest sich satt,
Um Ideen einzutauschen,
Weil man selbst gar wenig hat.

Und sie plaudern, blättern, suchen,
Endlich kommt ein Resultat:
Noch ein Stückchen Aepfelkuchen!
Zwar der Cours steht desolat.

Und sie sitzen, grübeln, denken,
Und sie werden heiß und stumm,
Und mit kühlenden Getränken
Stärken sie sich wiederum.

So vertreibt man sich die Zeiten
Und des Tages Hitz und Last,
Bis erfüllt mit Neuigkeiten
Geht nach Haus der letzte Gast.

Doch am Morgen sieht sich wieder
Hier der alte Lesekreis,
Und man läßt sich häuslich nieder:
Tasse schwarz! und Tasse weiß!

LUDWIG THOMA

Sommermorgenstimmung

Ja, wie ist man froher Laune,
Wenn man seine Zeitung liest,
Morgens hinterm Gartenzaune
Und dazu Kaffee genießt!

Frauchen, gib mir doch die Butter!
– Was heut' in der Zeitung steht? –
Hm –, daß Preußens Landesmutter
Fleißig in die Kirche geht.

O ja, ja! Das ist ersprießlich.
Wenn sich Majestät bemüht,
Muß der liebe Gott doch schließlich –
Ist der Kaffee aufgebrüht?

Halt! Da steht was fett Gedrücktes!
– Sultan – Bombenattentat –
Leider aber ein mißgeglücktes,
Weil es fehlgeschossen hat.

Schade! Bei der Morgentasse
Lieb' ich's, wenn das Haar sich sträubt,
Wenn ein Fürst vom Menschenhasse
In der blauen Luft zerstäubt.

Prickelnd faßt es meine Nerven,
Wenn ein Fürst in Trümmer geht.
Na, wer weiß? Die Türken werfen
Wieder mal auf Majestät.

Zum Taroni

Am Eck' von der ober'n Brennerstraße heraus,
Zeigt sich ein sehr besuchtes Kaffehhaus;
Vor demselben sieht man eine Menge Herren sitzen,
Von denen man nicht weiß, worauf sie eigentlich spitzen.
Dieses Eck pflegen jene, die es kennen,
Den *Anhaltspunkt zum Nichtsthun* zu nennen.
Auch von innen ist dieß Kaffehhaus immer voll,
Weil man dort gutes Getränk bekommen soll.
Die *blinden* Gäste, welche wir im ersten Hefte dieser
Schrift
So genau beschrieben, man hier in Menge trifft;
Besonders im Winter, Abends beim Kerzenschimmer,
Sind so gedrängt voll alle zwei Zimmer
Meistens von Leuten, die gaffen und nichts zehren,
Daß sich die Spieler mit Macht müssen wehren,
Um nur zum Billard durchzudringen
Und einen Stoß ohne Stoß zu Stande zu bringen.
Dieses Kaffehhaus ist eben so mitten in Wien
Daher gescheh'n auch die meisten Bestellungen dahin.
Wollen zwei mit einander ins Theater gehen,
So heißt's: »Um sechs Uhr werden wir uns bei *Taroni*
sehen!«

Du
hast Sorgen,
sei es diese,
sei es jene – – –
ins
Kaffeehaus!

Müde ins alte Café er eilet,
wohin er oft den Schritt gelenkt.
Lange er dort am Stammtisch weilet;
wenigstens eine zu drücken er denkt
von den Händen, die man geschüttelt
in des Scherzes und Ernstes Stund';
hier, wo Feldzüge wurden ermittelt,
hier, wo der Becher machte die Rund'
nach dem Sieg, unter Bundesverwandten,
wo man die Niederlage vergaß,
war sie erörtert von allen Kanten,
wenn geleert das letzte Glas!

Uhren ticken im leeren Lokale,
Sonne scheint auf Tabaksqualm,
dunkle Landschaften hängen im Saale;
schwarzer Felsen mit grüner Alm,
graue Kiefern auf den Rippen; still
stille Wasser schlummern im Schutz
hoher moosiger Grausteinklippen;
schlanke Birken im herbstlichen Schmutz
weinen, über den Lenz, der vergangen,
gleich als hätte er nie angefangen.
Niemand kommt, die Zeit wird länger,
Uhren ticken im leeren Lokal.
Einsamkeit den Saal macht enger –
will erleichtern seine Qual.
Ruft den Kellner, um zu fragen,
fängt an mit einem Interview.
Braucht den Mann nicht lang zu plagen –
alles weiß er in einem Nu.
Fort sind alle, der Ring gesprungen,
keiner, niemand kommt mehr her!
Ältester Freund hat ausgerungen,

starb letztes Jahr – er weiß nicht mehr.
Krank ein andrer, der arme Wicht
wartet nur auf die letzte Stunde.
N. N., der alte? Der hat die Gicht,
sieht man nicht mehr hier als Kunde!
Der ist vermählt und bleibt zu Hause,
der hat genommen das »blaue Band«
der ist gesteckt in die Zellenklause,
der ist gereist ins fremde Land.
Und die andern? – Die sind verloren! –
und »er selbst«? – Wie der Name war genannt –
(Sicherlich kam er dem Manne zu Ohren,
doch sein Porträt war ihm unbekannt)
antwortet der so unglaublich mündig,
als hab' Genannter gegessen sein Brot
oder gewesen extra sündig:
»Gott weiß, aber der ist wohl tot«.
Hastig goß er das Glas hinunter,
trank auf eignen und andrer Staub,
blaß die Wange, der Blick wird bunter,
stumm die Zunge, das Ohr ist taub.

CHRISTIAN MORGENSTERN

Palmström legt des Nachts sein Chronometer,
um sein lästig Ticken nicht zu hören,
in ein Glas mit Opium oder Äther.

Morgens ist die Uhr dann ganz ‚herunter'.
Ihren Geist von neuem zu beschwören,
wäscht er sie mit schwarzem Mokka munter.

KARL HENCKELL

Impromptu aus dem Café

Im Trubel des Cafés, zur Dämmerstunde,
Sitz ich mit meiner Freundin ganz allein
Im traulichen, verschwiegnen Hintergrunde.

So recht ein Platz, um ungestört zu sein
Und con amore sich zu unterhalten
Von Herzenssachen oder Narretein.

Vorüberfliehn die suchenden Gestalten
Der ganzen Welt, der Halbwelt mittenmang,
Die bald mit Schick, bald plump ihr Rad entfalten.

Die »goldne Jugend« pocht auf ersten Rang
Des Modeschnitts und streckt aus Hosentrichtern
Die schönbestrumpften Stelzen ellenlang.

In starren, ausgemergelten Gesichtern
Klemmt sich ein Einglas weltverächtlich fest –
Das ist der Mensch mit zwei verschiedenen Lichtern!

Indessen kraß sich konstatieren läßt
An geisterhaften Horn- und Riesenbrillen
Der Menschheit »intellektuelle« Pest.

Du lächelst, Freundin, so für dich im stillen?
Dies kritische Geschlecht verlangt Respekt,
Rühr an die Hörner nicht, um Gottes willen!

Weh, wer den Ochsen in dem Menschen weckt!
Auch vor dem Raubtier rat ich dich zu hüten,
Das in dem wiehernden Patron dort steckt!

Wie schön er tut mit seiner abgebrühten
Filmsklavin, die ihm stolz zur Seite thront!
Nun ja, sie läßt die Peitsche sich *vergüten,*

Mit der er züchtigt, wenn sie lässig front. –
Komm, schaun wir nach der andern Seite lieber,
Vielleicht wird doppelt da der Blick belohnt.

Lockt michs verführerisch in süßes Fieber?
Wirst eifersüchtig? Nein! Kein Grund fürwahr:
Drein glotzt die scheußliche Familie Schieber.

Der Mann – ein böses Borstentier . . . aufs Haar!
Sie – dicke Biermamsell mit Diamanten.
Die Maid – das potenzierte Elternpaar!

Am Nebentische sitzen die Verwandten,
Familie Wucherer, im Zobelpelz,
Bei zwanzig Grad, als Großrepräsentanten

Des internationalen Börsengelds.
Sie wollen in die »Götterdämmerung« fahren,
Nachher ins Kabarett mit Veilchenfelds.

»Wozu derzeit mit Kunstgenüssen sparen?
Man hats und man gebrauchts ganz à son goût.
Wir sind nun mal die wirklichen Zäsaren

Der neuen Zeit. Wir siegen immerzu.
Großzügig sind wir, kaufen Möbelwagen
Voll Lederbänden . . . kennen jeden Clou

Der Dichterbranche, sind im Fach beschlagen,
Weil Häute, Felle Schwarten Stoffe sind,
Befühlt mit kennerhaftem Wohlbehagen.«

Der neue Reichtum rauscht wie Rohr im Wind.
Nicht wahr, ein ewig neuer Stoff zum Lachen,
Wobei uns angenehm die Zeit verrinnt.

Selbst Physiognomien von Apachen
Kannst du genießen, wenn du dorthin guckst ...
»Wie kommen die hierher?« – Das sind so Sachen!

Geldschränke knackt man, Inhalt wird verjuxt.
Nur in first class Hotels kann man logieren,
Weil da der Kriminale kaum sich muckst.

Mit Grafentiteln läßt sich imponieren
Auch in der Republik. Man kennt sich aus
Und mischt sich mit den feinsten Kavalieren.

Der Schwindel blüht wie ein Päonienstrauß
In voller Pracht der Pfingsten allerorten,
Der Wegwart Ehrlich wächst beim Armenhaus ...

Mein Seelchen, Gäste gibts von allen Sorten
Hier, wie du siehst, zu Largo und Foxtrott.
Sie trinken Kaffee und verspeisen Torten.

Sie glauben meistens an den gleichen Gott,
Sind auch die Konfessionen sehr verschieden,
Wie die Nationen: Teut und Hottentott.

Gott segne sie! Uns lassen sie zufrieden.
Vor ihren Glossen sind wir wohl gefeit,
Und niemand weiß, welch Glück du mir beschieden,

Geliebte Herzensfreundin: Einsamkeit!

KARL HENCKELL

Börsencafé

Das Café braust von Stimmen,
Es summt und saust und schwirrt,
Zigarren rötlich glimmen,
Geschirr und Silber klirrt.

Weißlichter durch den Schleier
Der Tabakwolken sprühn –
Fortunas heiße Freier
Vor wilder Wollust glühn.

Plötzlich die Atmosphäre
Zerschneidet scharf und fahl
Langsam die gelbe Mähre
Des Börsenfürsten Baal.

Vom Bluthund Not begleitet,
Umkrallt vom Vampir Qual,
Gott Mammon golden reitet
Gigantisch durch den Saal.

Des starren Blicks Gewalten,
Sie heischen stummen Zoll,
Der Knechte Hände falten
Sich betend andachtsvoll.

JOHANNES R. BECHER

Café Stefanie 1912

In München war's, im Café Stefanie,
Als ich dir, Emmi, die Gedichte sagte,
Die ich allein dir nur zu sagen wagte,
Und häufig kam das Wort vor: »Irgendwie«.

Am Tisch daneben spielte Mühsam Schach.
Und Frank saß einem Geldmann auf der Lauer.
(Vielleicht saß der indes im Café Bauer?)
Ein Denker hielt mit Kokain sich wach.

Franz Jung erschien mit seiner Tänzerin,
Und Bing, der Zeichner, ließ das Billard fahren,
Denn Däubler nahte sich mit Bauch und Bart ...

Ihr Freunde, die ihr gute Freunde wart,
Ich schreib euch dies zum Angedenken hin
An jene Zeit, als wir noch Kinder waren.

KLABUND

Das Wassermädel

Ich liebe ein Wassermädel vom Café Arkadia,
Bin immer noch siebzehn Jahre und erstes Semester in
  München,
Ich kann mein Herz nicht mit Erfahrungen übertünchen,
Wenn ich den Frauen unter die Hüte sah!
Und als sich wieder eine freundlich mir zugewandt:
Ein Kind vor dem Christbaume stand oder vor den
  goldnen Glaskugeln im Parke stand.
Oder ich sah blaue Pferde erstaunlichstes Getier,
Eine Stute mit schlankem Fohlen sprang spielerisch zu mir.
Und als das Wassermädel schlief bei mir zur Nacht –

War sie Jungfrau? oder hatte sie sich zur Jungfrau gemacht?
Sie war mir wie ein Lächeln im Dunkel zugetan.
Weißes Segelboot . . . Friede wehte von unsren Rahn . . .
Die ewige Föhrde lag im Morgenscheine da . . .
Ich liebe ein Wassermädel vom Café Arkadia.

PETER ALTENBERG

Kaffeehaus

Du hast Sorgen, sei es diese, sei es jene – – – ins *Kaffeehaus*!

Sie kann, aus irgend einem, wenn auch noch so plausiblen Grunde, nicht zu dir kommen – – – ins *Kaffeehaus*!

Du hast zerrissene Stiefel – – – *Kaffeehaus*!

Du hast 400 Kronen Gehalt und gibst 500 aus – – – *Kaffeehaus*!

Du bist korrekt sparsam und gönnst Dir nichts – – – *Kaffeehaus*!

Du bist Beamter und wärest gern Arzt geworden – – – *Kaffeehaus*!

Du findest Keine, die Dir paßt – – – *Kaffeehaus*!

Du stehst innerlich vor dem Selbstmord – – – *Kaffeehaus*!

Du haßt und verachtest die Menschen und kannst sie dennoch nicht missen – – – *Kaffeehaus*!

Man krediert Dir nirgends mehr – – – *Kaffeehaus*!

Café

Tosend. Gewirr von stimmen, verwachsen zu *einem* getöse.
Hohe klarinettenklänge. Saxophongetön und was
dazwischen übrig bleibt: mächtige blaskapelle.

Das buffetfräulein träumend. Heimweh oder verlangen?
Alles ist hier ein offenes rätsel. Die lösung aber findet keiner.
Sanft autoritär der wirt. Symbol von zukunft und
vergangenheit.

Und ewig das spiel von der spieler schein und wesen,
verhärtet das gesicht, nicht durchzulesen;
behutsam defensiv, doch die stärke solcher die sich nicht
fürchten.

Solidarität der spielgerüchte,
von tragisch-ernsten dominos, schicksalsschwarz,
zum rot-weißen flüchtigen fliehn der billardkugeln.

Blasierte bonvivants; daneben häusliche dickbäuche, –
alles wieder schein, – damen, die ewig gütig zublinzeln:
alle Babelerbauer von derselben geschwätz-innigkeit.

Verbannt ist die innigkeit von der straße
verfolgter faun, in die cafés getrieben.
Die schwachen mauern sind der starke damm zwischen
tod und leben.

Beim bloßen öffnen der tür tönt was draußen ist, die tram,
oder das rufen eines straßenhändlers, wie eine
unheimliche stimme:
einen augenblick. Dann nimmt die kapelle ihren
tosenden galopp wieder auf.

JIŘI WOLKER

Das Gesicht an der Scheibe

»Café Bellevue«, ein Land voller Wunder,
aus Wärme gebaut, Musik und Plunder,
vergoldetem Stuck und plüschener Pracht.
Draußen ist Regen, Kälte und Nacht.
Gläserne Scheiben die Grenzen sind:
Hüben ist Wärme,
drüben Wind.

Wie sonst sind auch heute alle gekommen,
vornehme Herren und schöne Frauen,
haben behaglich Platz genommen,
setzen sich Zeitungen auf die Nasen
und schauen
– Brillanten in den Krawatten –
mit satten,
zufriedenen Blicken
hinein in die Welt,
die rosig erscheint
und ihnen gefällt
durch die Brillen aus Zeitungspapier.

Wie sie nun mit gebügelten Händen
ehrbar und satt in der Wärme saßen,
Mokka nippten und Zuckerzeug aßen,
geschah es plötzlich,
daß ein Mensch von der Gasse
– halbwüchsig noch und doch schon ein Mann –
seine ausgemergelte Fratze
dicht an die Scheiben zu drücken begann,
um mit den Blicken das Glas zu zerbrechen,
mitten hinein in die Pracht zu stechen,
in Spiegel und Fräcke,
Plüsch und Mätressen,

in Bäuche, die feist und rundgefressen,
in Walzer, Wärme und Lichtergefunkel –
und haftenzubleiben,
als längst im Dunkel
der Mensch an der Scheibe verschwunden war.

Da wurden die vielen Marmortische
plötzlich in frische
Gräber verwandelt.
Begrabene Herren,
vermoderte Damen
kamen
lächelnd einhergewandelt,
und die Kellner in Trauergewändern
trugen Kränze mit langen Bändern
aus Rauch. –
Draußen, jenseits der Fensterscheiben,
lebte die Gasse, der Regen, die Not,
drinnen sah man sie frostig und tot
lächeln, sprechen und Scherze treiben.

ERICH MÜHSAM

Caféhaus

Ich liebe euch nicht, euch
halbseidene
Waschlappen
mit der wabbligen Weiche
Glitschiger
Kaulquappen,
eurer Lyrik süßlichen Honigseim
mit Schmerzen im Herzen in
jedem Reim –
immer das gleiche –
ich liebe das nicht.

PAOL KEINEG

Café Anker

Eine Gesellschaft auf der Caféterrasse an der Brücke von Recouvrance.

Lieben, sagt jemand, genügt nicht. Man muß sich vereinen.

Die Kastanien blühen.

Die Luft ist mild, daß einem die Augen übergehen. Auf dem Fußsteig kommt eine junge Frau vorüber, das Gesicht dick von Tränen.

JOSEF KASTEIN

Romanisches Kaffee

Die Brillen funkeln horngehemmte Kreise,
die Locke fällt verschämt in den Kaffee,
morbide Denkerstirnen knistern leise ...
Duftreiche Fernen: Marke Hiddensee.

Vom Himmel sinkt der Blick zum Bleistift nieder.
Aus Koteletten träufelt neuer Stil.
Bedeutsamkeit kreischt durch verrenkte Glieder.
Ein Ei im Glas macht relativ agil.

Wer arriviert ist, darf schon leis verlumpen,
bis er beim Kellner ein Bekannter ist.
Bald darf er selbst um Naturalien pumpen.
Der schnelle Aufstieg endet schnell im Mist.

Einst war der Mensch gottähnlicher Gestaltung.
Jedoch der Schöpfungstag ist längst vorbei.
Dann nahm der Mensch Gott selber in Verwaltung;
und das Ergebnis ist:
im Glas ein Ei.

FRIEDRICH HOLLAENDER

Gesang der Mädchen im Romanischen Café

Wir sitzen süß und doof ohne Portemonnaie
Vor unsern leeren Gläsern im Stammcafé
Mittags von Punkt zwölf Uhr
Bis abends um Punkt zwölf Uhr:
Verkehrsinseln in dem Meere der Literatur.

Schriftsteller rings im Kreise, von Brecht bis Kisch –
Mancher benutzt uns episch am Nebentisch.
Das ist fürs Portemonnaie nicht viel wert,
Aber fürs Renomee unerhört:
Endlich wird doch die Nutte einmal verklärt!
    Zwei dunkle Augen,
    Zwei Eier im Glas
    Und ein Tröpfchen Herzblut
    Mit Rum!
    Ein Täßchen Äther,
    Ein Band von Verlaine –
    O laßt uns literarisch sein
    Und mit den Dichtern gehn!

Wir treiben's, wenn wir's treiben, nie sexuell.
Bei uns ist selbst der Schlüpfer intellektuell.
Wir werfen ab das Kleid
Mit neuer Sachlichkeit,
Wir sind zu jedem Ismus für Geld bereit.

Bei uns schläft Thomas Manns zart verträumter Sohn,
Die »Junge Bühne«, die »Neue Generation«.
Manch gute Szene, manch schöner Reim
Stammt aus der Dirne schmucklosem Heim.
Der Beifall, der *sie* ehrt,
Eigentlich *uns* gehört!

Zwei dunkle Augen,
Zwei Eier im Glas
Und ein Tröpfchen Herzblut
Mit Rum!
Ein Täßchen Äther,
Ein Band von Verlaine –
O laßt uns literarisch sein
Und mit den Dichtern gehn!

So warten wir verzaubert auf einen Prinzen.
Kommen aber höchstens Herren aus den Provinzen.
Die haben 'nen dicken Bauch,
Aber Moneten auch
Und einen äußerst regen Sexualverbrauch.

Doch ein romanisch Mädchen ist stubenrein,
Es will nicht für die Herren aus Guben sein.
Es steht einst Arno Holz vis-à-vis,
Weil es historisch von Bauch bis Knie,
Als Torso in der Dichterakademie!
Zwei dunkle Augen,
Zwei Eier im Glas
Und ein Tröpfchen Herzblut
Mit Rum!
Ein Täßchen Äther,
Ein Band von Verlaine –
O laßt uns literarisch sein
und mit den Dichtern gehn!

Kümmernis

Frühmorgens beim Kaffee – mein faltiger Bauch,
wie baumelst du trübe und leer!
Gewiß, ohne Zucker und Milch geht es auch,
so reicht mir die Kanne nur her.
  Kein Fleisch und kein Honig, kein Fett und kein Ei,
  wie öd ist das Frühstücksgedeck!
  Doch eines, mein Bauch, stört am meisten uns zwei:
    Die Sahne ...
    die Sahne ist weg!

Und nicht nur beim Kaffee – o Allegorie!
Komm mit in den Musenhain.
Wie sehr auch der Kunstmarkt lärmte und schrie:
wer reich ist, der braucht nicht zu schrein.
  Die Expressionisten im Kinderkleid
  und die Kunst mit dem fünfstelligen Scheck –
  und ich denke an Brahm und die alte Zeit –
    Die Sahne ...
    die Sahne ist weg!

So schau in die Zukunft! – Was kommt denn danach,
wenn die große Zeit einst vorbei?
Was kommt nach den Tränen, dem Blut und der Schmach
und all dem Nationengeschrei?
  Was kommt für die Kinder? die Generation
  der Hoffnung?
    Ich seh da black –
  Mein Jugendlicher, o Ludolf, mein Sohn:
    Die Sahne ...
    die Sahne ist weg!

Der Scheidebrief
(Die ledige Erna Schmidt schreibt:)

Zwei Stunden sitz ich nun in Caffee Bauer,
Wenn Du nicht willst, dann sag es ins Gesicht.
Deswegen wird mir meine Milch nicht sauer.
Ich pfeif auf dich, mein Schatz. Na schön, dann nicht!

Du brauchst nicht denken, daß ich Dich entbehre
Mit dem Verkehr mit mir, das ist jetzt aus.
Auch ich hab so etwas wie eine Ehre.
Laß Dich nicht blicken, Schatz, sonst fliegst Du raus.

Da sitz ich nun und weis nicht, wovon zahlen.
Der Ober guckt schon wie ein Dedektif.
Ich wollte die Klosettfrau, Mutter Grahlen,
anpumpen. Doch das Rindvieh schlief.

Du bist der erste nicht der so verschwindet.
Das hab ich nicht an Dir verdient, mein Kind.
Du glaubst doch nicht, daß sich kein andrer findet?
Es gibt noch welche, die in Stimmung sind. –

Ich hab das Grüne an aus Poppelien.
Das Loch drinn hast Du auch hineingerissen.
Du weist es reicht mir nur bis zu den Knien.
Ich hab auch noch ein angefangnes Kissen . . .

Das solltest Du am heilgen Abend kriegen.
Das ist nun aus und mir auch einerlei.
Es werden öfters andre darauf liegen.
Denn was vorbei ist, Schatz, das ist vorbei.

Ich sitz allein und wippe mit die Beine.
Verschiedne Herren reflektieren stark.

Bei Licht betrachtet seid ihr alle Schweine.
Was hilft das alles? Ich brauch hundert Mark.

Ich bin nicht stolz. Auch wär das nicht am Platze.
Wenn Du was übrig hast dann schick es schnell.
Mir gegenüber feixt ein Herr mit Glatze.
Das ist der Scheff von Engelhorns Hotell.

Wenn Du mich trifst Du brauchst mich nicht zu grüßen.
Man kann nie wissen und es stört auch blos.
Seit gestern nacht hab' ich geschwollne Drüßen.
Wenn alles gut geht, ist da etwas los.

Na Schluß. Der Visawie von gegenüber
fragt ob ich wollte denn er möchte schon.
Der hat Moneten so ein alter Schieber.
Behalt Dein Geld und schlaf allein, mein Sohn.

Auch Du warst einer von die feinen Herrn.
Der Alte kommt. Er nimt mich zu sich mit.
Rutsch mir den Buckel lang und hab mich gern
Von ganzen Herzen Deine Erna Schmidt.

ERICH WEINERT

Kaffee in Cottbus

Hier überstrahlt ein Hochglanz-Everclean
an Geisterschärfe einen Kettchenzwicker.
Der Rest ist gleiche Plattform. Weltbeglücker!
Man weiß bescheid. Wem imponiert Berlin?

Aroma: Rind- und Schweineschlächterei.
Ein Busenglück mit mehrern Atmosphären.
Man muß als Lieferant hier mal verkehren!
»Zwei Cherry! Tag, Herr Wirt! Herr Ober, drei!«

Zwei Fräuleins tuen vornehm und verlebt
und zeigen wie sich Damen maniküren.
Ein Sonntagsanzug macht in Kavallüren,
Das ewge Lächeln ins Gesicht geklebt.

Hier Schädelsammlung, Marke: »deutsches Wesen«.
Erinnerung an meine Militärzeit!
Stammrollen rollen. »Kamerad, zu der Zeit –«.
Im Gleichschritt knacken die Gehirnprothesen.

Hier sind im Weltanschauungskampf entbrannt
ein Gabelsberger und ein Stoltzeschreyer.
Ein jeder geht für sein System durchs Feuer.
Dann schweigen sie, durch eine Welt getrennt.

JULIAN ARENDT

Ballade von den Säckeschmeißern

Ach, mich zieht's nach einem fernen Lande,
wo die schlanke Tropenpalme prangt.
In Brasilien am Riogrande
werden Kaffeesackschmeißer verlangt.
Es gibt zu viel Kaffee auf der Welt,
und darum pro Zentner zuwenig Geld.
Drum wird, so will es das Weltgewissen,
die halbe Ernte ins Wasser geschmissen.

Immer 'rin, mein Junge,
das hat 'n Sinn, mein Junge.
Da steckt was hinter, mein Junge!
Das wird ein Winter, mein Junge.
Ich sag's allen feiernden Familien:
Marsch, marsch nach Hamburg in den ersten
besten Kahn.
Auf, auf nach Brasilien

und 'rin mit den Mokka in den Ozean,
und 'rin mit den Mokka in den Ozean.

Und hat der Menschenhai am Riogrande
an seinen nassen Bohnen profitiert,
werden wir aus diesem reichen Lande
schnell nach Kanada exportiert.
Es gibt zuviel Weizen auf der Welt,
und darum pro Tonne zuwenig Geld.
Die Nahrung könnte zu billig sein,
drum muß der Weizen ins Feuer rein.

Immer 'rin, mein Junge,
das hat 'n Sinn, mein Junge.
Da steckt was hinter, mein Junge!
Das wird ein Winter, mein Junge.
Marsch, marsch, Proleten packt eure Habe,
die reiche Ernte hat uns die Preise verhunzt.
Brotfrucht ist Teufelsgabe,
drum 'rin mit den Schrippen in die Feuersbrunst,
drum 'rin mit den Schrippen in die Feuersbrunst.

Sie werfen den Weizen ins Feuer,
sie werfen den Kaffee ins Meer.
Und wann werfen die Säckeschmeißer
die fetten Räuber hinterher?
Siehst du, das hat 'nen Sinn, mein Junge,
siehst du, das wird ein Winter, mein Junge,
wie er in deinem Leben
nie wiederkehrt.

ALFRED AHNER

Im Frühcafé!

Die Reden plätschern –
wie Wasser läuft der Tag –
Das Café schließt die Augen
und lehnt sich müd' zurück –
in's grüngestreifte Polster!

Die Sinne sind nun satt
vom schönen Gegenüber,
vom Sehnen nach den 17 Jahren
da drüben hinterm weißen Tisch, –
auf rotem Plüsch
mit seinen duften Beinen
und nackter grüner Bluse –
voll prallen, drallen,
süßen, weichen Mädchenfleisches, –
das nichts versteht,
nichts weiß,
als jung und hübsch zu sein!

Und draußen überall,
im Café auch ist's Frühling
im späten Februar!
Die Kännchen und die Teller,
die blitzen, blinken im Café,
und alles raucht und plaudert –
von Politik und Eberts Tod.
Bedauern – Achselzucken – lachen
vermischt sich leis
mit klappern, klappern
der Tassen am Büffet,
und klingt wie fernes Rauschen!

Es ist so lauig warm
und ich hab' viel geschrieben –
soviel von allem!
Sogar vom Kellner
in der weißen Schürze
mit seinem feinen Kopf!

Doch drüben ist ein andres Wesen,
(Mein vor'ges vis-à-vis ist weg,
es mußte plötzlich in's Geschäft)
dies spüret hier noch nichts vom Frühling
und hat kein Sehnen nötig!
Vielleicht einmal in vielen Jahren –
wenn's bald zu spät ist,
dann nimmt es wahr
was jetzt es haben müßte!

So ißt es Schokoladentorte –
und liest dabei in »Zarathustra« –
und hat die Haare kurz geschnitten,
sodaß der ganze Nacken frei,
und in der Schale glimmen
an fünfzehn Zigaretten,
die sie in ein paar Stunden paffte!

Da lob ich mir mein »Proletarierkind«!
Es weiß sich früh zu schälen,
und ihre weichen Fänge sind nur da
für ihren Schatz und Liebsten!
Durch beide ihrer Schürzenbrüste
dringt mächtig heut' der süße Frühlingshauch –
wie Paradiesesahnen,
und ihre Sinne gingen draußen
weitab der düsteren Fabrik!

Ganz wütend ist der Meister
von all' den vielen Fehlern,
die sie heute wieder machte.
Und mancher Bogen ging
verkehrt in die verfluchte
und ganz und gar verruchte,
vermaledeite Druckerpresse!

Lied auf Lied, wie:
»Und dann schleich' ich still
und leise immer an der Wand
lang, immer an der Wand ...«
ist die Begleitung,
die sie singend, wiegend
der rasselnden Maschine bringt!
Bald laut, bald leise
nach ihrer Weise!

Doch kein Zitat von Schiller!
Ach, und Goethe – Shakespeare
versteht sie auch nur halb –
doch ganz, wenn sie vom Liebsten –
dem Allerliebsten spricht.
Von junger Männerkraft,
von Körper und von Qualen,
von Wald und Wiese – Busch,
von Lackschuh'n, süßer Wäsche!
Und auch von wüster Dresche,
Hingebung bis zur Unvernunft,
von vieler Rührung, Küssen, Thränen,
von Straußens Walzern –
Tanzmusik! – – –

Die »Bürgertöchter« wissen viel,
oh viel – von Theater und Konzert!
Und Kant und Spiritismus –

sind ihr berühmtes Wissen.
Ach sie, sie kennet nur
die Kartenlegerin –
und ein Gespenst! – – –
Und das hat einen langen,
schönen, rot gestrich'nen Schnabel.
Und heißt in aller Munde:
(den Kindern sagt man) »Storch«!

So ist's auf dieser Welt,
du schwarzer, armer Herrenschnitt
mir eisig gegenüber –
mit deiner scharfen Falte,
die deine beiden Brauen
so fest zusammen pressen,
um Zarathustra zu verstehen
und wichtig zu erscheinen!
Und all die vielen, vielen
duft'gen Zigaretten,
die heut' schon wie versessen
dein loses Köpfchen paffte –

wie's nicht der stärkste Mann!!!

SERGEJ MITROFANOWITSCH GORODEZKI

Der Kaffee

Du bist geerntet worden unter Qualen,
von jungen Händen, die sie hetzten, drängten,
von einem Mädchen, dem der Sonne Strahlen
wie einer Eidechse die Haut versengten.

Zerschlagen, nach des Tages Last, enteilte
es zu dem Liebsten, der im grünen Schweigen,

so nackt wie sie, vor seiner Hütte weilte,
die er geflochten aus des Frühlings Zweigen.

Wie Kinder lärmend, wie des Dschungels Tiere
frohlockten sie im Glanz der Sternenlichter.
Der kurzen Pause froh, erstrahlten ihre
vom vielen Kosen schimmernden Gesichter.

Schon früh am Morgen stand und überwachte
der Holländer im Hafen das Verladen
der Kisten, die ein Troß von Trägern brachte.
Die Peitsche sauste auf Gesicht und Waden.

Des Schiffes Kiel zerschnitt den Schaum der Wogen
des Ozeans auf seiner weiten Reise.
Profite träumend, malte auf den Bogen
der Krämer Zahlen: das Gewicht, die Preise.

Die Bohnen schliefen, ungezählte Stunden,
in ihren Kisten, prallgefüllten Säcken.
Auf Java brannten noch die blutgen Wunden,
und in den Herzen schwelte noch der Schrecken.

Sagt Schach dem Unterdrücker und dem Diebe,
der Freiheit des Profits, dem Rechtsverächter!
Magnolien blühen ohne Peitschenhiebe,
und auch das Meer verzichtet auf die Wächter.

Und rächt die Raserei der Peitschenriemen,
die Peiniger solln untergehn in Schande!
Der Freiheit Sonnen heilt der Sklaven Striemen
in Javas Sümpfen und in jedem Lande.

FRIEDRICH ACHLEITNER

versuch übers hawelka

ha
ha

ha
ha

ha
ha
ha

tschi

JACQUES PRÉVERT

So leben wir

Schrecklich
kracht ein hartes Ei das man auf der Theke zerschlägt
schreckliches Krachen
wenn es einen hungrigen Mann erregt
schrecklich auch des Mannes Kopf
der Kopf des Mannes der Hunger hat
wenn er frühmorgens in der Stadt
seinen Kopf im Schaufensterglas sieht
einen erdigen Kopf
doch sein Kopf macht ihn nicht satt
er träumt
er träumt einen anderen Kopf
einen Kalbskopf zum Beispiel
mit Sülze
oder sonst einen Kopf der eßbar ist
...

Das kann nicht so weitergehn
das geht weiter
Tage
Nächte
das geht Tage und Nächte so weiter
ohne Essen
. . .

Ein Stückchen weiter das Lokal am Eck
Kaffee mit Sahne und Hefegebäck
belegte Brötchen
der Mann taumelt
in seinem Kopf irr
ein Wortgewirr
Sardinen
Ei Kaffee mit Sahne
Kaffee mit Rum
null Francs siebzig
Kaffee mit Sahne
Kaffee mit Blut!

Bei hellichtem Tag ward ein Mann erschlagen
der in seinem Viertel große Achtung genoß
nicht viel hat der Mörder davongetragen
zwei Francs
das ist auf der Speisekarte verglichen
ein Kaffee mit Rum
null Francs siebzig
zwei Brötchen dünn bestrichen
null Francs fünfzig mal zwei
ein Franc
und dreißig Centimes Trinkgeld für den Kellner.

Schrecklich
kracht ein hartes Ei das man auf der Theke zerschlägt
schreckliches Krachen
wenn es einen hungrigen Mann erregt.

DIETER REICHEL

Wiener Cafe

Im Wiener Cafe spielt das Duo Winter/Weide
für die in Jeans, doch mehr für die im schwarzen Kleide.
Vor allem sitzen an den Tischen ältre Damen,
die wegen Kaffee und Musik ins Cafe kamen;
doch auch die Jungen mögen diesen Ort gut leiden,
im Wiener Cafe spielt das Duo Winter/Weide.

Ich weiß nicht, welcher Winter heißt und welcher Weide,
ich seh sie spielen und bewundre sie beide.
Doch, wenn ichs recht bedenke, merke ich, ich neige,
wenn man mich fragt, wer mir gefällt, mehr zu der Geige,
denn der am Flügel wirkt dagegen fast bescheiden;
im Wiener Cafe spielt das Duo Winter/Weide.

Den mit der Geige nämlich hält es nicht am Platze,
und so geschmeidig gleitet er, wie eine Katze,
durch das Lokal und zu den Damen an den Tischen,
zu den Koketten, auch den nicht mehr ganz so frischen,
es schluchzt die Geige und es funkelt das Geschmeide;
im Wiener Cafe spielt das Duo Winter/Weide.

Er kennt die einsamen und die verliebten Herzen,
er spielt in Dur, in Moll, doch meist spielt er in Terzen,
– Ich küsse Ihre Hand, Madame – und immer wieder
– Man müßte nochmal zwanzig – und all die Lieder.
Für jeden individuell ein bißchen Freude –
Im Wiener Cafe spielt das Duo Winter/Weide.

Im Wiener Cafe ist der Fortschritt ausgebrochen,
hab ich bemerkt, als ich dort war, vor ein paar Wochen;
ein kalter Hauch weht durch den Raum, wie von Kantine,
und wo der Flügel stand, steht jetzt eine Maschine,
die nennt sich Disko, und ich sitze da und leide,
und ich hab Heimweh nach dem Duo Winter/Weide.

DAVID CRAIG

Kolonisation

Es war alles völlig legal.
Wenn sie ein Gesetz brauchten, erließen sie es.
Die Krone sorgte für die Plantagenherrn
und für sich selbst.
Verordnung 12 von 1840:
Alles bewaldete, brache, ungenutzte oder unbebaute
  Gebiet
gilt als Kronland.
Wer dort wohnte und nicht beweisen konnte, daß er dort
  wohnte,
mußte verschwinden.
Das ging zu weit
und wurde von der Londoner Regierung annulliert.
Aber Schiff um Schiff, mit jedem Schiff
strömten Briten nach dem Kaffeedorado.
Die brauchten ein Gesetz und erließen es.
Dreißig Jahre ununterbrochener Besitz
  der auch nur fünf hatten dem Volk
das Recht verbürgt, weiterzuleben und weiterzubestellen
der Väter Land (Zusatz zu Verordnung 12).
Das ging zu weit –
»Weshalb kommen wir Briten überhaupt her?«
Verordnung 9 von 1841:
Die neuverbürgten Rechte
gelten nicht für das ehemalige Königreich Kandy.
»Wohnst du dort? Gut, beweis das«,
und die Tempel und Häuptlinge bewiesen es
mit ihren Grundbriefen auf Kupfer.

Des Volkes Briefe standen auf Palmblättern.

Die Palmblätter waren seit Jahrhunderten Staub.

Die Briten ergriffen daher die Weiden,
ergriffen die armen, aus dem Dschungel gebrannten Felder.
Die Kandyer rissen die Kaffeebäume aus,
brachen die Grenzzäune nieder.
Man brauchte nur ein weitres Gesetz –
Verordnung 6 von 1846:
Ein Jahr Gefängnis und fünfzehn Peitschenhiebe,
wer einschlägt, umbricht, entrindet oder entwurzelt
die goldnen Kaffeebäume, und einen Monat für Zäune.
Wenn ein Plantagenherr Grund kaufte, auf dem zufällig
    ein Dorf stand,
so schaffte er's sich vom Halse.
Für die Vernichtung eines Dorfes
allen Beistand der Ämter.
Für das Brechen eines Baumes, für das Schlagen eines Pfades
zur uralten Wasserstelle
Gefängnis und Folter.

Aber etwas haben wir ihnen geschenkt:
ein Gerichtssystem, einen Anteil
an unsrem unbezahlbaren insularen Erbe
von Unbestechlichkeit, Freiheit von Furcht und Gunst.
Jeder Streit kann vor den Kreisrichter
oder Beamten gebracht werden.
Und jeder Richter war Kaffeeplantagenherr
und jeder Beamte auch.
»Jedermann« in Ceylon war Plantagenherr,
angefangen vom Generalgouverneur.

VALERIA KOCH

Liebe im Café

Ein Raubtier
betritt den Saal
geht mit geübten Schritten

zu einem Tisch
nimmt Platz bestellt Kaffee
mit Sahne
sein Blick hungrig
sein Blick wild
es erscheint die kleine Dame
das Raubtier leckt ihre Hand
bestellt ihr Kaffee
mit Sahne
sie streichelt ihm übers Fell
und lacht
wie immer während sie
verblutet

ALFRED ANDERSCH

Café (Bellinzona)

patisserie
das buffet von neunzehnhundertelf
häuser fußballkalt viscontigrau
in den sonntagsnachmittagsscheiben
blinde spiegel eine frau erwartend

espresso crême
die pfeife noch nicht angezündet
unentschlossen zu alt schlangengrau
radfahrer auf der via salsa
ein fiat elfhundert von rechts vorbei

anisgeruch
den bon neben der tasse liegend
und irgendeine frau erwartend
fünfzig centesimi
pascal noch nicht begriffen
niemals erfaßt
worauf es spinoza eigentlich ankam

OJĀRS VĀCIETIS

Ein Kaffeegedicht

Kaffee, so schwarz wie die Nacht,
schwärzeste Mafia –
warum nur rächst du dich so, trink ich aus herzreiner
Quelle die Klarheit?

Gewesnes herauszubeschwören und sich zu rächen,
das alles, Schwarze, seh ich
als hinterrücks Anschleichen an
und als das Stoßen des blitzenden Dölchleins
in meinem Rücken.

Kaffee, so schwarz wie die Nacht,
schwärzester Kaffee,
du bist die südländisch Schöne,
du lügst mit den blitzenden Augen!

Denn du versprichst uns, den Lebenssaft
wiederzugeben,
wir aber bleiben genau wie bisher
zwischen des Zeitalters Zähnen,
das Zeitalter kaut uns.

Kaffee, so schwarz wie die Nacht,
schwärzeste Mafia,
du schwärzestes Dynamit
aus diesen harmlosen Körnchen –
läßt uns die Nacht lang nicht schlafen,
doch welches Wort wird geboren,
auf unsren Lippen,
wenn sich die Nacht schon das Ihre genommen?
Sehen wir standhaften Blickes
noch in den Morgenrotstreif?

JACQUES PRÉVERT

Frühstück

Er goß den Kaffee
in die Tasse
Er goß die Milch
in die Kaffeetasse
Er tat den Zucker
in den Milchkaffee
Mit dem kleinen Löffel
Rührte er den Kaffee um
Und trank ihn
Er stellte die Tasse ab
Ohne ein Wort
Er zündete
Eine Zigarette an
Er blies Ringe
Aus Rauch
Er streifte die Asche
In den Aschenbecher
Ohne ein Wort
Ohne einen Blick
Er setzte den Hut auf
Er zog den Regenmantel an
Denn es regnete
Er ging
Ohne ein Wort
Ohne einen Blick
Und ich
Schlug die Hände vors Gesicht
Und weinte.

EUGEN ROTH

Lob des Kaffees

Ein Mensch, mit Klopstock, hat bedacht:
Vergraben sei in ewiger Nacht
Oft der Erfinder großer Namen –
Wer wars, der des Kaffeebaums Samen,
Daran wir heut uns alle trösten,
zu finden wußte und zu rösten,
Dann ihn zu mahlen und zu sieden?
Kein Denkmal war ihm je beschieden.
Doch erzgegossen = hochgeboren
Prahlt, wer bloß eine Schlacht – verloren!
Doch nur getrost! Wenn hingeschmolzen
Schon längst das Denkmal dieses Stolzen,
Ja, wenn die Menschen seiner spotten,
Wird immer noch Kaffee gesotten.
Das Gute – nicht nur dieser Trank! –
Hat in sich selber Ruhm und Dank.

Anhang

NACHWORT

»Nachdem zeithero die Erfahrung bezeuget/ welcher gestalt in denen sogenannten Caffee-Häusern öffters mit Unzucht/ verbotenen Doppeln und Spielen . . . vielerley Üppigkeit und Unfug/ von früh an bis in die späte Nacht getrieben«[1] wurde, sah sich der Leipziger Rat im Jahre 1703 wiederholt veranlaßt, energisch einzugreifen. Schon einmal, im Mai 1697, hatten es Bürgermeister und Stadtrat unternommen, die »ungebührlich eingeführten Thee- und Caffee-Stuben«[2] gänzlich zu verbieten – offensichtlich mit mäßigem Erfolg. Der Modetrank Kaffee machte durch öffentlichen Ausschank um 1700 in Leipzig und Hamburg ebenso Furore, wie er dies fünfzig Jahre früher in London und dreißig Jahre zuvor in Paris getan hatte. Und es fanden sich in den deutschen Städten gleichfalls zahlreiche Befürworter und noch mehr lautstarke und wortgewaltige Gegner des »Türkentrankes«, der überall, wo er zwischen 1650 und 1700 gerade angekommen war, euphorisch besungen, aggressiv verhöhnt oder zumindest heftig diskutiert wurde. Aus heutiger Sicht muß man von einer Jahrzehnte anhaltenden systematischen Propaganda- und Verleumdungskampagne sprechen, die zum Teil weit in das 19. Jahrhundert hineinreicht. Reiseschriftsteller und Nationalpoeten, Ärzte und Apotheker, Dorflehrer und Universitätsprofessoren, Wirtschaftsfachleute und Steuerspezialisten: Niemand war sich zu schade, an diesem Meinungsstreit – ganz gleich, auf welcher Seite – teilzunehmen.

Wie kam es dazu?

Werfen wir einen Blick in die Geschichte: Irgendein arabischer Reisender lernt um 1450 im äthiopischen Hochland ein erstaunlich wohlriechendes, ermunterndes Getränk kennen, das aus den gerösteten Kernen einer dort wild wachsenden Pflanze zubereitet wird. Der Wissenschaft halber und der erfreulichen Wirkung wegen nimmt er einige Pflänzchen in seine jemenitische Heimat mit, die hier prächtig gedeihen. Innerhalb weniger Jahre erntet er »Kaffeekirschen« in so großer Menge, daß er anfängt, einen Verdienst daraus zu machen. Pflanzen und Erntegut verkauft er an seine Nachbarn, die nun ihrerseits mit der Kultivierung im großen Stil beginnen. Um 1500 tauchen die ersten Kaufleute auf, die die Kaffeebohnen sackweise zu den arabischen Handelsplätzen transportieren, an denen auch die ersten Kaffeeschenken entstehen. Das nichtalkoholische Getränk scheint ideal für den gläubigen Moslem, dem Alkoholgenuß verboten ist. Man

1 Mandat vom 19. August 1704. Museum für Geschichte der Stadt Leipzig. Sign. D 16
2 Mandat vom 18. Mai 1697. Museum für Geschichte der Stadt Leipzig. Sign. D 16

sollte meinen, die Hüter von Religion und Ordnung in den islamischen Ländern hätten es deshalb jubelnd begrüßt und als außerordentlich korangefällig gepriesen. Weit gefehlt! Als Nebeneffekt machte sich nämlich in den wie Pilze aus dem Boden schießenden Kaffeehäusern bemerkbar, daß die so ganz und gar unberauschten Köpfe miteinander unverblümt über die Zustände des Staates oder über das jeweilige Stadtoberhaupt diskutierten. Auch überhörten die Kaffeehausgäste des öfteren den Ruf der Muezzins, und anstatt in die Moschee zu eilen, blieben sie seelenruhig beim Kaffeewirt sitzen. Vor diesem Hintergrund erhoben sich Lob und Tadel des Kaffeetrankes gleichermaßen: Die Dichter und Erzähler in den Kaffeehäusern priesen »das Getränk der Gottesfreunde« (S. 14) und verstiegen sich zu Ausrufen wie »O Trank! Harmlos wie reine Milch . . .« (S. 14). Die Gegner, allen voran die religiösen Eiferer, die Bier- und Limonadenhändler und die Schankwirte, die ihr eignes Gewerbe bedroht sahen, ließen negative medizinische Gutachten verbreiten, die ihnen Ärzte oder Apotheker für ein angemessenes Honorar ausstellten (vgl. S. 144). Auf die Dauer aber nützten diese Kampagnen allerdings nichts, denn »die Logik des Kaffeetrinkens für die islamisch-arabische Kultur ist unbestreitbar. Als nicht-alkoholisches, nicht-berauschendes Getränk scheint er wie geschaffen für eine Kultur, die den Alkoholgenuß verboten und die neuzeitliche Mathematik hervorgebracht hat«[3].

Auch für das christliche Abendland, dem man eine grobe Eß- und eine geradezu verkommene Trink»kultur« nachsagte (das 16. Jahrhundert ist als das »Säuferjahrhundert« in die Geschichtsschreibung eingegangen!), schien die Aufnahme eines nicht-alkoholischen Getränkes im 17./18. Jahrhundert, wo sich ohnehin die Ernährungsgewohnheiten grundsätzlich zu wandeln begannen,[4] einer gewissen Logik nicht zu entbehren: Das Bürgertum war auf dem Weg, sich von Adel und Klerus (unter anderem durch eine bürgerliche Küche) zu emanzipieren – die Propagierung nichtberauschender Getränke hätte ihm bei der Durchsetzung bürgerlich-protestantischer Wertvorstellungen nur förderlich sein können. Es gab jedoch viele allgemeine und noch mehr spezielle Gründe, die einer uneingeschränkten Begrüßung der neuen Getränkegruppe (Kaffee, Tee, Schokolade) durch die aufstrebende Klasse widersprachen. Zwar hatte der Kaffee ein wundervoll duftendes Aroma, doch hing ihm auch der fatale Geruch von

3 Wolfgang Schivelbusch, Das Paradies, der Geschmack und die Vernunft. Eine Geschichte der Genußmittel, München/Wien [2]1981, S. 26 f.

4 Vgl. Hans J. Teuteberg / Günter Wiegelmann, Der Wandel der Nahrungsgewohnheiten unter dem Einfluß der Industrialisierung, Göttingen 1972

Luxus und Zeit- und Geld-Verschwendung an, zwei schwere Sünden im Tugendkatalog des Bürgertums. Es kann hier nicht einmal ansatzweise versucht werden, die berechtigten und unberechtigten medizinischen, diätetischen, ideologischen, sozial-, wirtschafts- oder steuerpolitischen Pro- und Kontra-Argumente zu nennen, die den Kaffeeverbrauch in Europa hemmen oder fördern sollten.[5] Doch spiegelt unsere Gedichtauswahl in ihrer chronologischen Abfolge einen nicht geringen Teil der Kulturgeschichte des Kaffees wider, da vieles von diesen jeweils aktuellen Auseinandersetzungen literarisch wahrgenommen wurde.

Anfänglich wußten Ärzte und Apotheker nicht, wie die neue Droge (als solche wurde die Kaffeebohne betrachtet) in das damals noch herrschende Vierersystem der Humoralmedizin, die der aus der Antike stammenden Temperamentenlehre verpflichtet war, einzuordnen sei. Gesundheit oder Krankheit wurde auf die rechte oder unrechte Zusammensetzung der Körpersäfte (lat. humor) zurückgeführt, die aus Blut, gelber Galle, schwarzer Galle und Schleim bestünden. Diesen vier Säften wurden vier Temperamente mit vorrangigen Eigenschaften zugeschrieben: sanguinisch (warm-feucht), cholerisch (warm-trocken), melancholisch (kalt-trocken), phlegmatisch (kalt-feucht). Der Kaffee paßte in dieses Schema nicht hinein, zu verschieden war seine Wirkung auf die verschiedenen Menschen. So hielt man sich erst einmal an die Bohne selbst, die durch den Röstprozeß eindeutig als »trocken« zu qualifizieren war. Was »trocken« war, mußte nach damaliger Lehrmeinung auch »trocknend« wirken, der Kaffee also als austrocknendes Getränk dem phlegmatischen Temperament am zuträglichsten sein, vorausgesetzt, man wollte dieses ermunternd beeinflussen. Tatsächlich war der vorherrschende Körpertypus des 16./17. Jahrhunderts in Mitteleuropa der des Phlegmatikers, des untersetzten, zur Fülle neigenden Menschen. »Wenn die Austrocknung des Körpers durch den Kaffee einmal als negative, einmal als positive Wirkung beurteilt wird, so läßt sich vermuten, daß hinter dem jeweiligen Urteil eine bestimmte ideologische Haltung steht«[6], schreibt Wolfgang Schivelbusch und kommt zu dem Schluß, daß es die bürgerlich-fortschrittlich gesinnten Autoren sind, die sich für die Trockenlegung des Körpers – sprich Verwendung des Kaffees – aussprechen, während die Konservativen, die dies für »einen verhängnisvollen Vorgang«[7] halten, entsprechend vehement gegen den

5 Vgl. Ulla Heise, Kaffee und Kaffeehaus. Eine Kulturgeschichte, Leipzig 1987; Hildesheim/Zürich/New York 1987

6 Schivelbusch, a.a.O., S. 58

7 Ebenda

Kaffee votieren und für die Beibehaltung bisheriger (Bier-)Trink- und Eßgewohnheiten (zum Beispiel für die Morgensuppe) eintreten.

Da die Dichter des 17./18. Jahrhunderts häufig in gebundener Sprache wiederholen, was Reiseschriftsteller, Ärzte oder Apotheker in Prosa schon gesagt und geschrieben haben, ist es nicht verwunderlich, daß wir in einigen unserer Gedichte diese physiologisch-ideologische Auseinandersetzung wiederfinden. Man vergleiche die Zeilen des anonymen Gedichtes »Er kan viel besser als das Opium noch würcken/ Weil weit geruhiger den Schlaff erweckt sein Safft« (S. 11) mit dem Loblied in Daniel Stoppes Cantata: »Er macht die faule Nacht zum arbeitsamen Tage/ Gesetzt auch, daß die Uhr schon halber Zwölfe schlage ...« (S. 38).

Daß der Kaffee wegen seiner Eigenschaft, die Körpersäfte auszutrocknen, auch den Liebestrieb schmälere, war ein häufig vorgetragener Einwand seiner Gegner (S. 11, 34). Der deutsche Reisende Adam Olearius hatte diese Meinung in seinen persischen Reiseberichten 1656 überliefert. Wer freilich daran erinnerte, wie viele kleine Kinder gerade in arabischen und türkischen Familien aufwuchsen, hatte wohl die besseren Argumente anzubieten (S. 47). Der anonyme »Well-willer«, der 1674 das aufsehenerregende Pamphlet »The Women's Petition against Coffee« – die Eingabe der Frauen gegen den Kaffee – in London herausbrachte, bediente sich des Kontraargumentes schon auf der Titelseite. Den sehr ehrenwerten Hütern der Vorrechte der Venus gewidmet, wollte er der öffentlichen Meinung die großen Behinderungen darlegen, die dem Liebesverlangen durch den übermäßigen Genuß des austrocknenden, schwächenden Getränks entstünden. Liest man dann allerdings den Text dieser Schrift, den wir in einer späteren deutschen Nachahmung vorstellen (S. 15), wird deutlich, daß es um etwas ganz anderes geht als um das erotische Wohlbefinden der englischen Damenwelt. Nicht der Kaffee als mögliches antidotum amoris wird angegriffen, sondern ausschließlich die Verdammung des Kaffeehauses ist Inhalt der literarischen Schmähschrift! Alle Register zieht der Verfasser, um im Namen der weiblichen Bevölkerung Londons die Regierung zu bewegen, die Kaffeehäuser (deren Anzahl sich innerhalb von drei Jahrzehnten von zwei auf etwa zweitausend erhöht hatte) zu schließen. Wenn man weiß, daß eben diese Häuser der Regierung Charles' II. als »Pflanzstätten des Aufruhrs« schon lange mißliebig waren und Ende 1674 tatsächlich versucht wurde, per Dekret »by the King« die Kaffeeschenken zu verbieten, so ist leicht vorstellbar, wessen Interessen hier vertreten wurden und aus welchem Lager der angeblich »Wohlmeinende« tatsächlich kam.

Als ab etwa 1680 die ersten Kaffeebuden und -gewölbe in deutschen Städten wie Hamburg und Leipzig oder in Wien eröffnet wurden, gab es Poeten, die das Gespenst einer Kaffeehaus-»Säuche« (S. 23) heraufziehen sahen, obwohl die Zahl der Kaffeestuben im Vergleich zu London, wo es im Jahre 1720 schon 2000 gab, oder zu Paris, wo ihre Zahl in den Jahren 1720 bis 1788 von 280 auf 6000 bis 7000 wuchs, verschwindend gering war und blieb. In Leipzig gab es kurz nach 1700 acht Kaffeeschenken, das gesamte 18. Jahrhundert hindurch erhöhte sich die Zahl auf nicht mehr als 15 bis 20 solcher Einrichtungen! Von einer »Säuche« konnte also nur einer reden, der althergebrachte Traditionen gefährdet sah. Als aufklärerisches, literarisches oder gar politisches Kommunikationszentrum spielte das Kaffeehaus in deutschen Städten im Gegensatz zu England, den Niederlanden und Frankreich im 18. Jahrhundert so gut wie keine Rolle. Entsprechend gering ist deshalb bis zum letzten Drittel jenes Jahrhunderts seine Thematisierung in der zeitgenössischen Literatur. Justus Zachariäs Darstellung vom Leipziger Kaffeehaus »Zum Arabischen Coffe Baum« (S. 50) ist attraktiver Hintergrund eines komischen Heldengedichtes, aber das Kaffeehaus im eigentlichen Sinne vermißt der Autor sogar in dieser Stadt.

Auch Goethes Hymne an den Kuchenbäcker Händel (S. 48) war weniger ein Loblied auf einen gebildeten Leipziger Kaffeewirt als vielmehr ein harmloser Studentenulk des Sechzehnjährigen. Eigentlicher Anlaß war ein Professor Clodius, bei dem Goethe bis zum Überdruß die antike Rhetorik mit all ihren glänzenden Floskeln hörte: »Diese oft wiederkehrenden Ausdrücke prägten sich fest in unser Gedächtniß, und zu lustiger Stunde, da wir in den Kohlgärten den trefflichsten Kuchen verzehrten, fiel mir auf einmal ein, jene Kraft- und Machtworte in ein Gedicht an den Kuchenbäcker Hendel zu versammeln.«[8]

Weit mehr Effekt als die öffentlichen Kaffeehäuser machte in Deutschland der private Genuß des Modetrankes: Studentische »Coffee Schmäuse« gibt es seit 1680 an allen deutschen Universitäten, Damenkaffeekränzchen werden um 1700 aus Hamburg, Leipzig und Wien vermeldet, Wahrsagen aus dem Kaffeesatz muß 1762 in Hamburg per Anschlag verboten werden, und schon 1683 wußten Hunderte von Wienern, ihre ererbte Feindschaft vergessend, sich mit Kaffeebohnen aus dem türkischen Lager[9] zu versorgen!

8 Johann Wolfgang Goethe, Dichtung und Wahrheit. Zweiter Theil, Siebentes Buch (Sophienausgabe Bd. 27), Weimar 1889, S. 140

9 Vgl. Karl Teply, Die Einführung des Kaffees in Wien. Georg Franz Koltschitzky / Johannes Diodato / Isaak de Lucca, Wien 1980

Lob- und Schmähgedichte, kunstvolles Madrigal und volkstümlicher Gassenhauer begleiten die »dramatischen« Auseinandersetzungen über Wert oder Unwert des Kaffeetrinkens. Nicht wenige Theaterdichter und Librettisten griffen zur Feder und bereicherten auf ihre Weise das aktuelle Modethema. Der konfliktgeladene Stoff aus dem täglichen Leben wurde vor 1700 zum Beispiel in Frankreich so reichlich bearbeitet, daß sich Jean la Roque eine Aufzählung aller dramatischen und poetischen Ergüsse versagte, weil es erstens zu viele seien und weil außerdem »die meisten unter diesen Stücken in eines ieden Händen sind«[10]. Mag vieles aus dieser literarischen Tagesproduktion zu Recht der Vergessenheit anheimgefallen sein, bedauerlich ist dennoch, daß das »meiste unter diesen Stücken« überhaupt nicht auf uns gekommen ist.

Nur vier Kaffeekantaten aus der ersten Hälfte des 18. Jahrhunderts sind uns bekannt; man kann getrost annehmen, daß es mehr davon gegeben hat. Im Jahr 1703 veröffentlichte der französische Musiker Nicolas Bernier die Kantate »Le Café« mit einem Text von Louis Fuzelier (S. 30), dem bekannten Pariser Dramatiker und langjährigen Herausgeber des Mercure de France. Der Lobgesang, für Sopran, Violine und Basso continuo komponiert, wurde in Paris mit großem Erfolg aufgeführt. Dreizehn Jahre später (1716) war es in Deutschland der Winkeldichter Johann Gottfried Krause aus Langensalza, der das »Lob deß Cafee« in Kantatenform sang (S. 32). Daniel Stoppe, selbst ein leidenschaftlicher Kaffeetrinker (S. 40), veröffentlichte 1728 eine »Coffee Cantate« (S. 38), die ebenso wie die von Fuzelier und Krause zwar der äußeren Form nach Kantate heißt, inhaltlich aber doch zur Ode oder gar zur Hymne tendiert. Stoppe preist seinen Gegenstand, als gälte es das Leben:

> »Vivat mein Coffe! mein Schutzgott! mein Freund!
> Wer dich verdammt und flieht, der ist mein Feind.
> O wie so blind ist doch die falschbelehrte Welt!
> Die dich vor ein Gespenste hält . . .«

Die Widerstände gegen den Kaffeegenuß scheinen in Stoppes schlesischer Heimatstadt Hirschberg besonders groß gewesen zu sein. Der Dichter geht so weit, die nicht-kaffeetrinkenden Mitbürger mit »Geschlicke, Darm und Häute« fressenden Hottentotten zu vergleichen (S. 55). Sein halbversöhnlicher Appell »versuchts einmal und trinkt! schlägts nicht gleich an: trinkt weiter! vielleicht werdet

10 La Roque, Gründliche und sichere Nachricht vom Cafee- und Cafee-Baum . . . Leipzig 1717, S. 70

ihr durch den Coffee gescheuter« (S. 55) resultierte aus Schwierigkeiten, die er mit der Stadtobrigkeit hatte: Stoppe hatte gemeinsam mit Freunden im »Sättler« (einer bewaldeten Anhöhe) einen Kamin gebaut und dort eine Art öffentlicher Kaffee-Picknick-Zentrale ins Leben gerufen, was in dem verschlafenen Städtchen einer Revolution gleichkam.

Die stilistischen Möglichkeiten des lyrisch-dramatischen Genres Kantate, Rede und Gegenrede vor allem, werden vom letzten unserer vier Kantatendichter Christian Friedrich Henrici (= Picander) genutzt. Hätte allerdings nicht Johann Sebastian Bach im Jahr 1734 dem Picanderschen Text »Über den Caffe. CANTATA« (1732) die Noten zu einem Drama per Musica untergelegt, wäre dieser wahrscheinlich heute ebenfalls vergessen. Vater Schlendrian und Tochter Ließgen sind die Kontrahenten eines amüsanten Schlagabtauschs, in dem der konservative Vater versucht, seine Tochter vom Kaffeetrinken abzubringen, was ihm nur durch das Versprechen gelingt, ihr einen Bräutigam zu verschaffen (S. 43 f.). Picander verwendet hier erstmals ein Motiv, das die deutsche Kaffeehauspoesie bis weit ins 19. Jahrhundert beibehalten sollte. In seiner sprachlich kürzesten Form lautet es später: »Eher will ich Männer hassen, als den lieben Kaffee lassen« (S. 88). Bei Picander ist es 1732 noch nicht soweit, Ließgen läßt sich mit der Aussicht auf einen Liebsten beschwichtigen. Aber der mit Kindern gesegnete und lebenserfahrene Johann Sebastian Bach wußte es besser: 1734 fügte er dem Picander-Text vierzehn Zeilen hinzu:

»Nun geht und sucht der alte Schlendrian,
wie er vor seine Tochter Liesgen
bald einen Mann verschaffen kann;
doch Liesgen streuet heimlich aus:
Kein Freier komm' mir in das Haus,
er hab es mir denn selbst versprochen
und rück es auch der Ehestiftung ein,
daß mir erlaubet möge sein,
den Coffee, wenn ich will, zu kochen.
Die Katze läßt das Mausen nicht,
die Jungfern bleiben Coffeeschwestern.
Die Mutter liebt den Coffeebrauch,
die Großmama trank solchen auch,
wer will nun auf die Töchter lästern.«[11]

11 Zitiert nach Hans-Joachim Schulze, Ey! wie schmeckt der Coffee süße. Johann Sebastian Bachs Kaffee-Kantate in ihrer Zeit, Leipzig 1985, S. 61 f.

Picander – hauptberuflich ein höherer Postbeamter – war einer der produktivsten Leipziger Poeten: Alle möglichen (und unmöglichen) Themen aus dem sächsischen Alltag wußte er in eingängige Verse zu fassen, wofür ihn seine Dichterkollegen wenig liebenswürdig »Schmierander« hießen. Ob allerdings die Meldung aus Paris (S. 36) eine dichterische Reaktion auf einen echten französischen Erlaß oder – wahrscheinlicher – auf einen solchen des sächsischen Potentaten ist, muß vorläufig dahingestellt bleiben, da für beide Möglichkeiten bis jetzt die Beweise fehlen. Gesetzliche Einschränkungen des Kaffeegenusses in der von Picander und Stoppe (S. 54) persiflierten Weise sind in Frankreich gar nicht, in Deutschland erst nach 1750 nachweisbar.[12]

Neben den Frauen, auf die der Kaffee eine ganz besondere Anziehungskraft ausübte, waren es, wie oben schon angedeutet, die Studenten, die, von jeher allem Neuen besonders aufgeschlossen, ab 1680 den Modetrank in vollen Zügen genossen. Das gemeinsame Kaffeetrinken wurde derart beliebt, daß wir bis etwa 1750 in den deutschen Studentenstammbüchern entsprechende Eintragungen finden. Obwohl der Besuch der Kaffeeschenken um 1700 den Studenten vielfach verboten war, machten sie einen Großteil des Publikums aus: Kaffee- und Toback-Trinken und Billardspiel waren Gründe genug, sich über das Verbot hinwegzusetzen. Von studentischen »Coffee Schmäusen« in Privatzirkeln, an die man sich in Stammbuchversen erinnert, über Warnungen, das Kaffeetrinken nicht zu übertreiben, bis zum treuherzigen Bekenntnis

»Kunst, Wissen, Bier, Toback, Coffee und l'hombre Spiel,
Ein Tanz, ein schön Concert sind meiner Lüste Ziel«[13]

finden wir den studentischen Alltag bürgerlicher Prägung der ersten Hälfte des 18. Jahrhunderts in den Stammbüchern in mehr oder weniger gelungenen Reimen widergespiegelt.

Daniel Wilhelm Trillers »Lob des Caffe« (S. 46) ist das vielleicht umfangreichste Kaffeegedicht in deutscher Sprache. In diesem um 1730 erstmals veröffentlichten didaktischen Reimprodukt, das aus 72 Strophen zu je sechs Versen besteht, versammelt Triller alle Argumente für den Kaffeegenuß; sie reichen von dessen Wunderkräften für die Gesundheit, seiner Fähigkeit zu erfrischen und zu

12 Vgl. Christian Wilhelm Dohm, Über die Kaffeegesetzgebung in deutschen Staaten. In: Deutsches Museum, 8. Stück, 1777, S. 123–145

13 Robert und Richard Keil, Die Deutschen Stammbücher des sechzehnten bis neunzehnten Jahrhunderts. Ernst und Scherz, Weisheit und Schwank in Original-Mittheilungen zur deutschen Kultur-Geschichte, Berlin 1893, S. 211

beleben bis hin zu seiner guten Eignung für Repräsentations- und Geselligkeitszwecke. Auf die Dauer verfehlte der Lobgesang seine Wirkung nicht: Zahlreich waren die Bearbeitungen, Raub- und Neudrucke. Noch in den anonymen Lieddrucken um 1800 klingen Teile des Trillerschen Urtextes nach, den volkstümlichen Adaptionen von Picanders Kaffeekantate vergleichbar (S. 52).

Welchen Teil man aus dem 432zeiligen Poem auch herausgriff und für seine Zwecke bearbeitete – für einen vier- oder achtzeiligen Lieddruck reichte es allemal. Triller seinerseits beruft sich auf ein französisches Vorbild (Guillaume Massieu, »Caffaeum. Carmen«), das, weniger umfangreich, 1718 zuerst lateinisch, danach in französischer Sprache erschienen war. In den Strophen 69 bis 71 geht er direkt darauf ein:

Was Massiäus sonst gedichtet,
Als andrer Maro, im Latein;
Hab ich im Deutschen auch verrichtet,
Doch ist mir nichts mit ihm gemein,
Weil ich dieß weiter ausgeführet,
Was er nur obenhin berühret.

Indessen wünscht' ich ihm zu gleichen,
An Stärke, Feuer, Witz und Geist,
Und diese Schönheit zu erreichen,
Die sich in jeder Zeile weist,
Daß alle weit zurücke bleiben,
Die dem Caffe ein Loblied schreiben.

Ist es nun gleich nicht so gelungen;
So ist es dennoch wohlgemeynt,
So hab ich dennoch so gesungen,
Wie es der Wahrheit ähnlich scheint;
So bin ich doch vielleicht zu loben,
Weil ich ein Vorurtheil gehoben.

Auch Felix Christian Weißes »Lob des Caffees« (S. 66) läßt vermuten, daß der geistige Vater Massieu hieß! Originell daran war wohl nur, daß der Text – wie immer bei dem dichtenden Leipziger Kreissteuereinnehmer Weiße – von Johann Adam Hiller vertont wurde.

Um die Mitte des 18. Jahrhunderts war das Kaffee- und Teetrinken in Deutschland so weit verbreitet, daß man durch bloßes Argumentieren niemanden mehr davon abbringen konnte. Nun wurden auf der Grundlage wirtschaftlicher Überlegungen in einigen deutschen Staaten Gesetze erlassen, die den Kaffeehandel stark einschränkten beziehungsweise ganz verboten. Diese Politik wurde von konservativen Kreisen der gelehrten Welt besonders kräftig unterstützt. Der bisherige Fundus an Gegenargumenten wurde um völlig neue Töne erweitert. Es wurde nationalistisch diskutiert. Wer deutsch ist, fühlt und glaubt, der trinkt keinen ausländischen Kaffee! »Du bist kein deutscher Knabe ...« heißt es im Kinderlied (S. 62) oder ganz sarkastisch noch bei Heinrich Heine, der Ludwig II. über seinen Germanistikprofessor Hans Ferdinand Maßmann nachsinnen läßt: »Er hat, ein vaterländisch Gemüth, nur Eichelkaffe getrunken ...« (S. 74).

Daß sich trotzdem der Kaffee als Morgen- und Nachmittagsgetränk in den deutschen Staaten ebenso durchsetzen konnte wie in den fortgeschrittenen Ländern England, Frankreich und den Niederlanden, war einer wirtschaftspolitischen Idee zu danken, aus der ab etwa 1750 eine blühende Industrie entstand, die erstaunlichen Erfolg hatte: *Surrogatkaffee*. Am geeignetsten für den Ersatz des Kaffeeimports erwies sich nicht der Versuch, seine Anhänger von der Schädlichkeit dieses Getränks zu überzeugen, sondern die Wurzel der heimischen Wegwarte (Cichorium), die, geröstet und gemahlen, einen Aufguß ergab, der in Farbe und Geschmack dem Kaffee ähnlich war. Staatlich gefördert wurde jetzt das, was in unlauterer Absicht zwar schon seit 1650 in England Brauch,[14] aber dort wie überall verpönt beziehungsweise verboten war. Kaffeewirte und sparsame Hausfrauen wußten schon weit vor 1700, wie Kaffeemehl mit gerösteten Weizen- und Roggenkörnern »zu verlängern« oder ganz zu ersetzen sei: »Auch bereiten einige aus Gersten oder Haber einen Coffee, nach welchem man sich offtermals nicht gar übel befindet. Sonderlich haben viel den Haber-Coffee vor so gut befunden, daß sie ihn dem wahren Coffee in vielen Stücken weit vorziehen«, faßte das größte deutsche Lexikon damaliger Zeit tendenziös zusammen.[15]

Gehörten Blätter und Blüten der Wegwarte als heilkräftige Cichorientinktur seit dem Mittelalter zum Standardangebot jeder Apotheke, so wurde jetzt die verarbeitete Wurzel in jedem Material- und Kolonialwarenladen angeboten. Die deutsche Hausfrau kaufte für sechs Tage in der Woche »Kaffee« und für Sonntag »Bohnenkaffee«. Wenn Gäste kamen, wurde »Besuchskaffee« gekocht, eine Mischung aus Cichorie und Bohnenkaffee, für deren Zusammensetzung in zeitgenössischen Haushaltsbüchern detaillierte Vorschrif-

14 Vgl. [John Chamberlayne,] Naturgemäße Beschreibung der Coffee ... mit einem Tractätlein von Hollunder und Wacholder-Beeren. Welches anweiset wie nützlich dieselben seyn könnten in unsern Coffee-Häusern ... Hamburg 1684 (engl. Erstausgabe 1682)

15 Johann Heinrich Zedler, Grosses vollständiges Universal Lexicon Aller Wissenschaften und Künste ... Bd. IV, Halle/Leipzig 1733, Sp. 544

ten gegeben wurden. »Im deutschen Verhältnis zum Kaffee gibt sich das deutsche Verhältnis zu den fortgeschrittenen Nationen im Westen zu erkennen. Der Kaffee würde im deutschen Bürgertum wohl kaum diese eminente Stellung eingenommen haben, wenn er nicht Symbolgetränk der Machtstellung gewesen wäre, die England und Frankreich in der damaligen Welt einnahmen. Im Kaffee eignet das deutsche Bürgertum sich einen Zipfel der Weltläufigkeit der westlichen Nationen an, die ihm selber fehlt.«[16] Doch wird unter deutschen Verhältnissen aus dem Kaffeetrinken als dem Symbol für politischen Fortschritt und bürgerliche Öffentlichkeit ein »Symbol des Familienlebens und der häuslichen Beschaulichkeit«.[17] Da im bürgerlich-protestantischen Tugendregister das intakte Ehe- und Familienleben in geordnet-einfachen Lebensverhältnissen an erster Stelle stand, ist es nicht verwunderlich, daß Kaffee (und Tee), maßvoll genossen, im Laufe des 18. Jahrhunderts im Wertkatalog kontinuierlich nach oben steigen, ja daß sie nach 1800 geradezu zum Statussymbol des biedermeierlichen Menschen werden. Bewirtung von Gästen, Familienfeierlichkeiten, Kränzchen oder ähnliches sind ohne Besuchskaffee, der im »guten« Porzellan serviert wird (S. 87), nicht denkbar.

Romantisierung und Idyllisierung einerseits, Karikierung andererseits sind die literarischen Folgen, sehr schön ablesbar an einer Szene in Johann Heinrich Voß' Luise, der ersten bürgerlichen Idylle (1795), und ihrer Parodie durch Wilhelm Waiblinger. Fernab von einem öffentlichen oder gar bewegten Leben bereiten und servieren Mutter und Tochter in Voß' Gedicht den Besuchskaffee:

»Aber das Mütterchen goß in die bräunliche Kanne den Kaffee
Aus der papiernen Tüte, gemengt mit klärendem Hirschhorn,
Strömte die Quelle darauf und stellt' auf Kohlen die Kanne,
Hingekniet, bis steigend die farbige Blase geplatzt war ...
Setze die Tassen zurecht, mein Töchterchen, gleich ist der Kaffee
Gar. Die Gesellschaft nimmt mit unserem täglichen Steinzeug
Wohl im Grünen vorlieb und ungetrichtertem Kaffee.
Vater verbot Umständ; und dem Weibe geziemt der
Gehorsam.«[18]

Hintergründig parodiert Waiblinger rund dreißig Jahre später (1826) in einem »Schriftchen, das vielen Anstoß sein wird und besser anonym herauskäme«, diese Familienidylle:

16 Schivelbusch, a.a.O., S. 83
17 Ebenda
18 Johann Heinrich Voß, Werke in einem Band, Berlin 1966, S. 100f.

»... und o Himmel; wie floß in die bräunliche Kanne der Kaffee
aus der purpurnen Tute, gemengt mit klärendem Hirschhorn!
Welch ein Gedeck Eßlöffel und englische Messer und Gabeln!
Und die reinlichen Teller von Steingut, spanische Erdbeer
aus eiförmiger Schüssel und fette Milch in gestülpter
porzellaner Kumme, geformt wie der purpurne Kohlkopf.«[19]

Besuchskaffee gekocht wird auch bei M. Gottfried Günther Röller (S. 75), der sowohl Schillers »Lied von der Glocke« parodiert als auch die kleinbürgerliche Besuchsidylle freundlich ironisiert. Die Spötter machten vor nichts halt: Aus Goethes »hehr in Einsamkeit« thronenden Müttern (»Faust II«, Finstere Galerie) wird in Friedrich Theodor Vischers Faustparodie ein Damenkaffeeclub, der sich über Goetheforschung und Faustinterpreten amüsiert (S. 82).

Mit der Ausgestaltung bisheriger Kaffeeschenken und -tavernen zum bürgerlichen Kaffeesalon um 1800 wird nun nach dem Kaffeetrinken selbst auch das Kaffeehaus zum literarischen Thema, zuerst in Wien, nach 1820 zunehmend auch anderwärts. Die Wiener Kaffeehauskultur entfaltet sich während des Wiener Kongresses 1814/15 zur vollen Blüte (S. 74) und wird mit ihrem internationalen Export (»Wiener Cafés« gibt es ab etwa 1850 in der ganzen Welt!) und gegen Ende des Jahrhunderts mit dem Einzug der feinnervigen literarischen Vertreter eines zu Ende gehenden Jahrhunderts in diese Kaffeehäuser, wo sie sich und ihre Probleme erfolgreich in Szene setzen (S. 106), zu einer europäischen Legende. In der Dichtung des 18./19. Jahrhunderts wird das Kaffeehaus, ebenso wie in der Malerei und Grafik, vorwiegend als Ort klein- und großbürgerlicher Repräsentation (S. 93); seit dem Ende des 19. Jahrhunderts als Stätte antibürgerlicher (bohemischer) Emanzipation (S. 109), individueller sozialkritischer Opposition oder aber resignativer Befindlichkeiten (S. 96) reflektiert. War das Kaffeehaus in England und Frankreich im 17./18. Jahrhundert ein Symbol des sich emanzipierenden, kraftvoll aufstrebenden Bürgertums, so wird es nun zu einem Sinnbild des Fin de Siècle im doppelten Sinne: Nicht nur ein Jahrhundert, sondern ein ganzes Zeitalter geht seinem Ende zu. Das Thema Café gewinnt innerhalb der sogenannten Großstadtlyrik an Bedeutung. Im Café sehen viele Literaten die Widersprüche der ganzen Gesellschaft auf kleinstem Raum versammelt: »Das Caféhaus-Motiv erweist sich als bildhafte Gestaltung einer negativen, dämonischen Wirklichkeit,

19 Wilhelm Waiblinger, Drei Tage in der Unterwelt. Ein Schriftchen, das vielen Anstoß sein wird und besser anonym herauskäme. Motto: Nichts für ungut! Stuttgart 1826, S. 18

einer Welt der Lüge, des Betrugs, des Scheins und der Qualen.«[20] Schon 1888 hatte Vincent von Gogh zu seinem trostlos-einsamen Aquarell »Nachtcafé« geäußert, daß das Café ein Ort sei, »wo man sich ruinieren kann, verrückt wird oder ein Verbrechen begeht«[21]. Im literarischen Expressionismus wird diese reale Erfahrung einer entfremdeten Wirklichkeit sogar formal »in einer deformierenden Gestaltung sichtbar, die besonders die organische Ganzheit der menschlichen Erscheinung in zusammenhanglose und dadurch mechanisch wirkende Fragmente verzerrt«[22]. Des niederländischen Dichters Paul van Ostaijens »Café« (S. 106) belegt dies auf eindrucksvolle Weise.

Etwa ab 1850 hat sich das Thema Kaffeegetränk im wesentlichen erschöpft; nun ist es das Kaffeehaus als öffentliche Institution, das die Dichter inspiriert. Unsere Auswahl spiegelt das ganz deutlich wider. Hier tauchen auch die Namen der bekanntesten Cafés auf: in Wien das berühmte Freimaurercafé Jüngling, das Café zum Taroni und das Café Hawelka, ein beliebtes Künstlercafé, erst 1953 gegründet. Die bekanntesten Berliner Cafés – Kranzler, Café National und Bauer, alle drei im 19. Jahrhundert gegründet – befanden sich Unter den Linden; im Romanischen Café versammelte sich die Berliner Boheme in den zwanziger Jahren.

Die Zuspitzung gesellschaftlicher Probleme wie Hunger und Massenarbeitslosigkeit auf der einen, im Nobelcafé zur Schau getragener Luxus (S. 99, 108) auf der anderen Seite ließen das Café in der deutschen proletarischen Literatur und Kunst der zwanziger und dreißiger Jahre unseres Jahrhunderts zu einem Klassenargument werden (S. 127, 132). »Café« steht hier für politische Reaktion und kleinbürgerliche Lebensweise schlechthin.

Viel früher schon war der Kaffee selbst in das Kreuzfeuer sozialer Auseinandersetzungen geraten, bereits während der Französischen Revolution wurde er mit der kolonialen Ausbeutung, wie sie Multatuli (= Eduard Douwes Dekker) in seiner »vaterlandsverräterischen« Veröffentlichung »Max Havelaar«[23] (1860) anprangert, in Zusammenhang gebracht. Die Bedingungen von Anbau und Ernte des »grünen Goldes« in kaffeeproduzierenden »Mutterländern« (S. 125) gehören in der Folgezeit ebenso zu den literarischen Themen wie die Ungeheuerlichkeit, daß in Brasilien die Kaffee-Ernte vernichtet wird, um die Preise zu halten (S. 118).

20 Horst Fritz, Literarischer Jugendstil und Expressionismus, Stuttgart 1969, S. 243

21 Zitiert nach Robert Hughes, Der Schock der Moderne. Kunst im Jahrhundert des Umbruchs, Düsseldorf/Wien 1981, S. 270

22 Fritz, a.a.O., S. 243

23 Multatuli (= Eduard Douwes Dekker), Max Havelaar oder Die Kaffeeversteigerungen der Niederländischen Handelsgesellschaft, Berlin 1948 (ndl. Erstausgabe 1860)

Es gibt noch weitere wesentliche Motive (zum Beispiel Kaffee/Tod, Kaffeehaus/Prostitution), die in unserer Gedichtauswahl anklingen; auf sie soll hier nicht mehr näher eingegangen werden. Bis in unsere unmittelbare Gegenwart sind Kaffee und Kaffeehaus auf unterschiedlichste Weise Thema von Literatur und Kunst. Sie werden es auch in Zukunft bleiben, da das Kaffeegetränk aus dem privaten und öffentlichen Alltag nicht mehr wegzudenken ist[24] und zu immer neuen Darstellungen reizen wird. Lassen wir Theodor Fontane resümieren: »Also Kaffee. Irgendein Philosoph, und es muß einer der größten gewesen sein, hat einmal gesagt, das sei das Beste am Kaffee, daß er in jede Situation und Tagesstunde hineinpasse. Wahrhaftig. Wort eines Weisen.«[25]

24 Alois Wierlacher, Der Diskurs des Essens und Trinkens in der neueren deutschen Erzählliteratur. Zur Literaturwissenschaft eines »sozialen Totalphänomens«. Eine Vorstudie, in: Jahrbuch Deutsch als Fremdsprache, Heidelberg 1977, S. 150–167

25 Theodor Fontane, Irrungen – Wirrungen, in: Märkische Romanze – Frauenerzählungen, Berlin ²1963, S. 283

WORT- UND SACHERKLÄRUNGEN

Die Zahlen am linken Rand verweisen auf die Seiten dieses Bandes.

10 *Inscription:* Inschrift
Kniesenack: eine Biersorte
11 *Colica* (griech.-lat.): Kolik
die Noth vom Durchlauff: Durchfall
Rubinen: gelbrote Hautverfärbung bei einer Art von Gelbsucht (Rubinikterus)
Kupffer: Kupfer- oder Rotfinnen (Rosazea), eine chronische Hautkrankheit, die sich u. a. in Gesichtsrötungen äußert
Finnen: Finnenausschlag (Acne vulgaris iuvenilis)
Wer auff der Reise hat in Frankreich was bekommen: »Franzosenkrankheit« (Syphilis), im 15. Jahrhundert aus Haiti gekommene und durch spanische Söldner in die französischen Heere eingeschleppte Seuche
12 *Schams und Hakem:* Shams und Hakm, zwei syrische Kaufleute; sie begründeten 1554 das erste Kaffeehaus in Instanbul.
Muselmanen: Muselman (arab.-pers.-türk.), Moslem, Mohammedaner
Mu'ezzin: Muezzin (arab.-türk.), mohammedanischer Gebetsrufer
15 *Cair, Alep' und Damas:* Kairo, Aleppo und Damaskus
16 *panquerotiren:* bankrott gehen, zahlungsunfähig werden
Rosolis: Branntweinsorte
18 *suppliciren:* supplizieren, flehentlich bitten
22 *Sparbott:* Spartopf, Sparbüchse
Comtoir: Comptoir (franz.), Büro
mit lasser Zunge: mit müder, matter Zunge
29 *Lomber:* L'hombre (franz.), ein Kartenspiel
30 *Bacho:* Bacchus, in der antiken Mythologie der Gott des Weines
31 *Minerva:* in der antiken Mythologie die Göttin der Ärzte
nebst ihren Söhnen: die Ärzte
Apollo: Apollon, in der antiken Mythologie u. a. der Gott der Musik und der Kunst
32 *Bachi: Bacchus*
Köpgen: Koppchen, henkelloses Täßchen
verschweren: verschwören = schwören zu meiden, verzichten
Zibeth: Zibet, moschusähnlicher Duftstoff, von Zibetkatzen gewonnen
Pindus: Pindos, Gebirge in Griechenland
Prä: umgangssprachlich für Vorrang
33 *Frontiniac und Malvasier:* Weinsorten
34 *Capriol:* Kapriole, Luftsprung
Erbis-Brüh: Erbsenbrühe

Carten-Teuscher: Kartenspieler
Tri Schagen: Kartenspiel
36 *Permission:* Erlaubnis
Wochen-Zettel: wöchentliche Aufstellung der Haushaltskosten
38 *Cleopatrens zerstoßne Perlen:* die ägyptische Königin Kleopatra VII. (69–30 v. Chr.) ließ Perlen in Essig auflösen
der Chymicorum trinkbar Gold: Goldwasser
43 *Zeidel-Bär:* von zeideln, landschaftlich für Honigwaben gewinnen
46 *Kähle:* Kehle
47 *Nepenthes der Helenen:* kummerstillende Droge der Griechen (Homer, Odyssee)
48 *Violen:* Goldlack
Päan: an einen (griechischen) Gott gerichteter feierlicher Gesang, Jubellied
Hymettus: Hymettos, Gebirge in Griechenland, berühmt für seinen Honig
Cothurn: Kothurn (griech.), hier erhabener Stil der Tragödie
Torus (lat.): Ehebett
Parnassus: Parnaß, Gebirge in Griechenland, in der griechischen Mythologie der Sitz der Musen
Kein Phalanx Griechenlands mit römischen Ballisten: griechische Schlachtenreihe mit römischen Schützen
49 *Sieg bei Leuthen:* Sieg Friedrichs II. über die Österreicher am 5. Dezember 1757; er brachte Schlesien zu Preußen, wodurch sich die Lebensumstände der Dichterin besserten.
50 *Levante:* Morgenland, die Länder um das östliche Mittelmeer
52 *geschossen:* landschaftlich für närrisch
54 *Informatoris privati:* informator privatus (mittellat.), Hauslehrer
56 *Panace:* Panazee, Wundermittel
Podagra: Fußgicht, Zipperlein
Mutterbisse: Wehen
Lungensucht: Lungenentzündung
58 *Compagnie:* hier für Gesellschaft
discouriren: diskurieren, erörtern, diskutieren
Geuzen: Geusen, hier »nach französischer Art«
die Zeit nur zu passiren: die Zeit vorbeigehen zu lassen, zu vertreiben
60 *Wurzeln, Gerstenkraut:* streckende Surrogate, zum Beispiel geröstete Rüben und Getreidearten
gezogener: erzogener
Aufschlag: Preisaufschlag, Akzise
abschlagen: im Preis sinken
67 *Comus:* Komus (griech.), Gelage
Ganymedes: in der antiken Mythologie Mundschenk des Zeus

Thetis: in der antiken Mythologie Meeresnymphe
Aeskulap (lat.): griech. Asklepios, in der antiken Mythologie Heil- und Arztgott
70 *Klatsch-Assamblee:* Klatsch-Assemblee, Versammlung klatschender (Gerüchte verbreitender) Personen
Dampfpanacee: Tabak als Dampf-Allheilmittel
krambamble: Krambamboli, Branntwein trinken
74 *convenable:* konvenable, konvenabel, zuträglich
Jakob Grimmisch und Zeunisch: der Begründer der Germanistik Jakob Grimm (1785–1863) und Johann August Zeune (1778–1853), Geograph und Germanist; er bekämpfte die Fremdwörter in der deutschen Sprache.
76 *läppscht:* läppschen, landschaftlich für schlürfen, lecken
Rack: Arrak, Branntwein
79 *bœf à la mode:* geschmortes Rindfleisch
82 *Diodor:* der griechische Historiker Diodoros von Sizilien (um 80–29 v. Chr.) verfaßte eine populäre Darstellung der Weltgeschichte unter dem Titel »Historische Bibliothek«, in der von einem Mutterkult auf Sizilien die Rede ist.
Conjectur: Konjektur, Mutmaßung
Labor improbus (lat.): übertriebene Anstrengung
firgelet: firgeln, fragen, forschen
83 *der Zorn des Sechsunddreißigeinigen deutschen Bundestags-Gottes:* auf dem Wiener Kongreß 1815 geschaffener Bund von zunächst 39, zuletzt 34 deutschen Staaten und vier freien Städten mit dem Ziel der Aufrechterhaltung der feudalen Ordnung gegen liberale und demokratische Bewegungen
84 *Schaffnerin:* Haushälterin
86 *Frau Wildermut:* Ottilie Wildermuth (1817–1877), vielgelesene christliche Jugendbuchschriftstellerin
Hades: in der antiken Mythologie die Unterwelt
90 *Marqueure:* ursprünglich Billardhelfer, dann allgemein für Kellner
99 *Impromptu* (lat.-franz.): witziger Einfall
100 *à son goût* (franz.): nach seinem Geschmack
101 *Päonienstrauß:* Pfingstrosenstrauß
102 *Fortuna:* in der antiken Mythologie die Göttin des Glücks
Baal (semit).: »Eigentum«, »Herr«, im Altertum westsemitische Gottesbezeichnung
Mammon (aramäisch-griech.): abwertend für Reichtum, Geld
104 *Mühsam:* der Schriftsteller Erich Mühsam (1878–1934)

Frank: der Schriftsteller Leonhard Frank (1882–1961)
Franz Jung: deutscher Schriftsteller, Mitarbeiter an der »Aktion« (1888–1963)
Bing: der französische Maler und Karikaturist Henry Bing (* 1888)
Däubler: der Dichter Theodor Däubler (1876–1934)

106 *bonvivants:* Bonvivant (franz.), Lebemann, liebenswürdig-leichtsinniger Weltmann
Babelerbauer: nach der biblischen Legende vom Turmbau zu Babel, der mit einer Sprachenverwirrung endete
faun: Faunus, römischer Feld- und Hirtengott, auch Wald- und Wiesendämon
tram: Trambahn, Straßenbahn

110 *Recouvrance:* recouvrance (franz.), Wiedererlangung

112 *Verlaine:* der französische Lyriker Paul Verlaine (1844–1896)
die »Junge Bühne«, die »Neue Generation«: Name zweier Kabaretts

113 *Arno Holz:* der Dichter Arno Holz (1863–1929)
Visawie: vis-à-vis (franz.), gegenüber

117 *Everclean:* everclean (engl.), immer sauber

118 *Kavallüren:* Allüren eines Kavaliers; scherzhafte Wortzusammenziehung
ein Gabelsberger, ein Stoltzeschreyer: Anhänger von zwei verschiedenen Kurzschriftsystemen

121 *Eberts Tod:* Friedrich Ebert, 1919–1925 Reichspräsident

122 *Zarathustra:* iranischer Religionsstifter; hier Friedrich Nietzsches Werk »Also sprach Zarathustra«

132 *Königreich Kandy:* Singhalesenreich auf Sri Lanka (Ceylon), 1814 dem britischen Besitz einverleibt

134 *pascal:* der französische Philosoph Blaise Pascal (1623–1662)
spinoza: der niederländische Philosoph Baruch Spinoza (1632–1677)

Für die Unterstützung bei der Erarbeitung der Wort- und Sacherklärungen danke ich meiner Lektorin Frau Gerda Kunzendorf sehr herzlich.

U. H.

QUELLENNACHWEISE

Die Zahlen am linken Rand verweisen auf die Seitenzahlen im vorliegenden Band. Die eingeklammerten Jahreszahlen hinter den Gedicht-Titeln oder Anfangszeilen geben das Entstehungs- oder Erscheinungsjahr der Gedichte an, soweit dies zu ermitteln war.

ANONYMA

10 Inscription eines Caffe-Hauses (um 1685). Aus: Die neu-eröffnete lustige Schaubühne ... Entworffen in 7 Classes ... II. Coffée und Thée-Logia ... o. O. (Leipzig) o. J. (um 1690), S.26–31 (gekürzt)

14 Lob des Kaffees (um 1511). Aus: Abd al-Kadir, Die wichtigsten Beweise für die Zulässigkeit des Kaffeetrinkens (Ms. arab. 4590 Bibliothèque Nationale, Paris). Zitiert und übersetzt nach: William H. Ukers, All about Coffee, New York 1922, S. 542

14 O Tadler weiche weit von hier (um 1587). Zitiert nach: La Roque, Gründliche und sichere Nachricht vom Cafee- und Caffee-Baum ... Leipzig 1717, S. 46 f. (La Roque nennt als Autor: Beligni.)

15 Die angenehme Frucht, so wir uns auserlesen (um 1587). Zitiert nach: La Roque, a. a. O., S. 39

15 Protest der Frauen wider die Caffe-Häuser (1674). Zitiert nach: Pasquino (= Heinrich Anselm von Ziegler und Kliphausen), Das Lasterhaffte / Karten-Würffel- / Und / Bret-Spiel:/ Oder / Fünfftes Gespräch / Vom Verderblichen / Caffee-Hause ... o. O. (Leipzig) 1703, S. 13 f.

20 Petition der Frauen wider die Caffee-Häuser (um 1675). Zitiert nach: Pasquino, a. a. O., S. 15 f.

34 Cafee und Thee (um 1730) Text auf dem Kupferstich »Mäßig bey dem Überfluß« von Martin Engelbrecht

34 Die Jungfern und die Carten Teuscher (1744). Zitiert nach: Robert und Richard Keil, Die Deutschen Stammbücher des sechzehnten bis neunzehnten Jahrhunderts. Ernst und Scherz, Weisheit und Schwank in Original-Mittheilungen zur deutschen Kultur-Geschichte, Berlin 1893, S. 173 (Augsburger Studentenstammbuch)

52 Hoer mein Bitt, daß ist mein Zweck (um 1770). Aus: Fünff schöne neue weltliche Lieder, o. O. o. J. (Deutsche Staatsbibliothek, Sammlung Meusebach, Yd 7922)

55 Coffee ist und bleibt mein Leben (um 1780). Aus: Vier

schöne Weltliche Lieder ... Gedruckt auf dem Berge, o. O. o. J. (Deutsche Staatsbibliothek, Sammlung Meusebach, Yd 7901)

58 Komt, Werth geschäzte Freund! herein zu dem Caffe (um 1785). Text eines Werbekupferstiches, den »Ioseph Meyer Caffe und The Schenk in Augspurg« Ende des 18. Jahrhunderts anfertigen ließ.

60 Es ist itzt in der ganzen Welt (um 1780). Aus: Zwey schöne neue Lieder, o. O. o. J. (Deutsche Staatsbibliothek, Sammlung Meusebach, Yd 7920)

64 Saufgespräch zwischen Mann und Frau (um 1800). Aus: Sammlung einiger Volkslieder. Zu bekommen bei dem Buchdrucker Ernst Littfas, Berlin o. J. (Deutsche Staatsbibliothek, Sammlung Meusebach, Yd 7904) (gekürzt)

68 Männerzank (nach 1800). Aus: Fliegende Blätter aus dem 19. Jahrhundert, o. O. o. J. (Deutsche Staatsbibliothek, Sammlung Meusebach, Yd 7912)

70 Die Kaffee-Schwester (um 1800). Aus: Sieben ganz neue Lieder. Zu bekommen bei dem Buchdrucker Littfas in Berlin, Berlin o. J. Nr. 119, Bl. 1v/2r

80 Kaffee ist der Frauen Bestes (um 1840). Text auf Neuruppiner Bilderbogen Nr. 480

84 Café Kranzler (um 1870). Berliner Gassenhauer, Parodie auf »Wir lust'gen Gardeschützen«

88 Das Kaffeekränzchen (um 1880). Zitiert nach: Heinrich Boehnke-Reich, Der Kaffee in seinen Beziehungen zum Leben, Leipzig/Berlin ^{2}1885, S. VI.

88 Frau Immerdurst, geborne Kaffeelieb (um 1850). Text auf Neuruppiner Bilderbogen von G. Kühn

ABRAHAM A SANTA CLARA (1644–1709)

15 Das Coffe-Haus (1698). Text auf dem gleichnamigen Kupferstich von Christoph Weigel

FRIEDRICH ACHLEITNER (* 1930)

127 versuch übers hawelka (um 1956). Zitiert nach: Café Hawelka. Ein Wiener Mythos, Wien 1982, S. 81

ALFRED AHNER (1890–1973)

121 Im Frühcafé! (1925). Nach unveröffentlichtem Manuskript aus dem Nachlaß. Mit freundlicher Genehmigung von Maria Erika Ahner, Weimar.

PETER ALTENBERG
(1859–1919)

105 Kaffeehaus (1918). Aus: Die Lebensmaschinerie. Feuilletons, hg. v. Elke Erb, Leipzig 1980, S. 161

ALFRED ANDERSCH
(1914–1980)

134 Café (Bellinzona) (1946). Aus: empört euch der himmel ist blau. Gedichte 1946–1977, Berlin 1980, S. 13

JULIAN ARENDT
(* 1898?)

118 Ballade von den Säckeschmeißern (vor 1930). Zitiert nach: Hanns Eisler, Lieder und Kantaten, Bd. 5, Leipzig 1955, S. 68

JOHANNES R. BECHER
(1891–1958)

104 Café Stefanie 1912 (1938). Aus: Gesammelte Werke, Bd. 4: Gedichte 1936–1941, Berlin/ Weimar 1966, S. 248

IGNAZ FRANZ CASTELLI
(1781–1862)

93 Zum Taroni (1828). Zitiert nach: Gustav Gugitz, Das Wiener Kaffeehaus, Wien 1940, S. 53

DAVID CRAIG
(* 1932)

132 Kolonisation (um 1960). Zitiert nach: Moderne Prosa und Lyrik der britischen Inseln, hg. v. David Craig, Berlin/Weimar 1968, S. 256 f.

LOUIS FUZELIER
(1672–1752)

30 Vom Cafee. Cantata (1703). Zitiert nach: La Roque, a. a. O., S. 73 f.

CHRISTIAN FÜRCHTEGOTT GELLERT
(1715–1769)

54 Die kranke Frau (um 1746). Aus: Fabeln und Erzählungen, hg. v. Karl Wolfgang Becker, Leipzig 1967, S. 79 (gekürzt)

JOHANN WOLFGANG GOETHE
(1749–1832)

48 An den Kuchenbäcker Händel (um 1766). Aus: Werke (Sophienausgabe) Bd.37: Jugendschriften u. a., Weimar 1896, S. 58

SERGEJ MITROFANOWITSCH GORODEZKI
(1884–1967)

125 Der Kaffee (1920). Zitiert nach: Oktoberland 1917–1924. Russische Lyrik der Revolution, hg. v. Edel Mirowa-Florin u. Leonhard Kossuth, Berlin 1967, S. 109 f.

JOHANN PETER HEBEL
(1760–1826)

71 Rätsel (um 1800). Aus: Gesammelte Werke in zwei

Bänden, hg. v. Eberhard Meckel, Berlin 1958, Bd. 1, S. 217

HEINRICH HEINE
(1797–1856)

74 Nur altdeutsch verstand er, der Patriot (1839/1846). Aus: Säkularausgabe, Bd. 2: Gedichte 1827–1844 und Versepen, Bearbeiter Irmgard Möller u. Hans Böhm, Berlin/Paris 1979, S. 133 (Vers II21–28 von »Lobgesänge auf König Ludwig«)

KARL HENCKELL
(1864–1929)

99 Impromptu aus dem Café (1921). Aus: Gesammelte Werke, Bd. 1: Buch des Lebens, München 1923, S. 264 ff.

102 Börsencafé (1920). Aus: Ausgewählte Gedichte, München 1920, S. 71 f.

AUGUST HEINRICH HOFFMANN VON FALLERSLEBEN
(1798–1874)

90 Café National (1842). Aus: Unpolitische Lieder, Zweiter Theil, Hamburg 1842, S. 20 f.

FRIEDRICH HOLLAENDER
(1896–1976)

112 Gesang der Mädchen im Romanischen Café (um 1925). Zitiert nach: Mit eenem Ooge kiekt der Mond. Chansons für ein altes Pianola, gesammelt u. hg. v. Helga Bemann, Berlin 1978, S. 64 ff.

ANNA LOUISA KARSCH
(1722–1792)

49 An die Frau von Reichmann (1762). Aus: Gedichte und Briefe / Stimmen von Zeitgenossen, hg. v. Gerhard Wolf, Berlin 1981, S. 50 (gekürzt)

ABRAHAM GOTTHELF KÄSTNER
(1719–1800)

42 Ermunternde Kraft des Kaffees (um 1780). Aus: Gesammelte Poetische und Prosaische Schönwissenschaftliche Werke, Erster Theil, Berlin 1841. Zitiert nach: Deutsche Epigramme aus vier Jahrhunderten, hg. v. Anita u. Walter Dietze, Leipzig 1975, S. 83

JOSEF KASTEIN
(* 1890)

110 Romanisches Kaffee (1925). Zitiert nach: Das Stachelschwein, hg. v. Hans Reimann, Frankfurt (M.) 2. Jg. 1925, H. 20, S. 27

ERICH KÄSTNER
(1899–1974)

116 Der Scheidebrief (1928). Aus: Herz auf Taille, Leipzig/Wien 1928, S. 60 ff.

PAOL KEINEG
(* 1944)

110 Café Anker (1973). Zitiert nach: Französische Lyrik der Gegenwart, hg. v. Charles Dobzynski u. Alain Lance, Berlin ²1984, S. 278 (Nachdichtung: Richard Pietraß)

JUSTINUS KERNER
(1786–1862)

86 Aus den Hadesbildern (1857). Aus: Gesamtwerke in 4 Bänden, hg. v. Justinus-Kerner-Verein in Weinsberg, berg, Weinsberg o. J., Bd. 4: Gedichte, S. 243f. (gekürzt)

KLABUND
(= ALFRED HENSCHKE)
(1890–1928)

104 Das Wassermädel (1920). In: Schall und Rauch. Schriftleitung Heinz Harald (Berlin), März 1920. Heft 4, S. 4

VALERIA KOCH
(* 1949)

133 Liebe im Café (1987). Nach Typoscript mit freundlicher Genehmigung der Autorin.

PAVEL KOPTA

26 Der Türke in Prag. In: Jungfer Lotty ... und andere tschechische Chansons, hg. v. Walter Püschel, unter Mitarbeit v. František Cerny. Illustriert v. Adolf Born, Berlin 1982, S. 31f. (Nachdichtung: Martin Trenk)

JOHANN GOTTFRIED KRAUSE
(1685–1746)

32 Lob deß Cafee. Cantata (1716). Zitiert nach: La Roque, a. a. O., S. 68 f.

RUDOLF CHRISTOPH LOSSIUS
(1760–1819)

62 Der deutsche Knabe (1787). Aus: Lieder und Gedichte, ein Etui auch Weihnachtsgeschenk oder Angebinde für Kinder, Erfurt 1787, S. 68 f.

KARL MEISL
(1773–1853)

74 Café Jüngling (1820). Aus: Gedichte über die Vorstädte Wiens, 1. Heft, Wien 1820, S. 15 f.

ADAM MICKIEWICZ
(1798–1855)

87 Man fing nun an, den Kaffee zu servieren (1834). Aus: Pan Tadeusz oder der letzte Einritt in Litauen. Versepos in zwölf Büchern, Berlin 1955, S. 88 f. (Nachdichtung: Walter Panitz)

CHRISTIAN MORGENSTERN
(1871–1914)

98 Palmström legt des Nachts sein Chronometer (1910). Aus: Alle Galgenlieder, hg. v. M. Morgenstern, Leipzig 1944, S. 158

ERICH MÜHSAM
(1878–1934)

109 Caféhaus. Aus: Loreleyerkasten, Berlin 1978, S. 70

DEUTOBOLD SYMBOLIZETTI ALEGORIOWITSCH MYSTIFIZINSKY
(= FRIEDRICH THEODOR VISCHER)
(1807–1887)

82 Kaffeelieder der Mütter (1862). Aus: Faust. Der Tragödie dritter Theil in drei Acten. Treu im Geiste des zweiten Theils des Göthe'schen Faust, Tübingen 1862, S. 56 f.

PAUL VAN OSTAIJEN
(1896–1928)

106 Café (1917). Zitiert nach: Gedichte aus Belgien und den Niederlanden, hg. v. Hans-Joachim Schädlich, Berlin 1977, S. 10 (Nachdichtung: Klaus Reichert).

PASQUINO
(= HEINRICH ANSELM VON ZIEGLER UND KLIPHAUSEN)
(1663–1697)

23 Kein ärger Säuche ist auf Erden nun zu finden (1696). Aus: Das Verderbliche Caffee-Hauß / Die heraus entstehende Abnahm eines Landes ... In Drey anmuthigen und lustigen Gesprächen vorgebildet ... o. O. (Leipzig) 1703, S. 24 f.

20 Ein Caffée-Mann nichts anders kann (1696). Aus: Ebenda, S. 24 f.

PICANDER
(= CHRISTIAN FRIEDRICH HENRICI)
(1700–1764)

29 Der Caffe bleibt mein Element (1729). Aus: Ernst-Schertzhaffte und Satyrische Gedichte, Anderer Theil, Leipzig 1729, S. 264

32 Wenn die Frau den Caffe täglich liebet (1728). Aus: Ebenda, S. 537

36 Wer hier nicht Caffe trinkt (1728). Aus: Ebenda, S. 408

36 Hier ward vor wenig Tagen (1728). Aus: Ebenda, Erster Theil, Leipzig, [3]1736, S. 523

43 Uber den Caffe. Cantata (1732). Aus: Ebenda, S. 496 ff.

SEPTIMO PODAGRA

34 Jene Fürstin fragte dort (1721). Aus: Ebenda, S. 51

42 Schaut die Teutsche Moden-Prasser (1721). Aus: Der profitable Apothecker-Tod in dem frembden Kräutlein Thee / samt seiner Medicinischen Sackpfeiffe / Gesprächs-weise vorgestellt ... o. O., 1721, S. 72

ALEXANDER POPE
(1688–1744)

30 Sieh her! Ein Teebrett wird alsbald serviert (1712). Aus: Der Lockenraub. Ein komisches Heldengedicht.

Übertragen von
R. A. Schröder, Leipzig
²1968, S. 33

JACQUES PRÉVERT
(1900–1977)

127 So leben wir. Aus: Gedichte und Chansons, RP 7, Copyright © 1962 by Rowohlt Taschenbuch Verlag GmbH, Reinbek bei Hamburg (Nachdichtung: Kurt Kusenberg)
138 Frühstück. Aus: Ebenda

ADOLF PROBST

12 Mokka (um 1913). Aus: Der Kaffee. Poesie und Prosa, o. O., o. J. (um 1913), S. 5 f.
59 Friedrich der Große (um 1913). Aus: Ebenda, S. 9 f.
84 Beethoven (um 1913). Aus: Ebenda, S. 13

FERDINAND RAIMUND
(1790–1836)

79 Duetto (1823). Aus: Der Barometermacher auf der Zauberinsel. In: Sämtliche Werke, hg. v. Fritz Brukner u. Eduard Castle, Bd. 1: Dramatische Dichtungen, Wien 1932, S. 45 f.
79 Arie des Wurzel (1826). Aus: Das Mädchen aus der Feenwelt . . . In: Ebenda, S. 198

DIETER REICHEL

130 Wiener Café (1984). Nach Typoscript mit freundlicher Genehmigung des Autors

M. GOTTFRIED GÜNTHER RÖLLER
(1783 – um 1840)

75 Der Kaffee (1820). Zitiert nach: Wolfgang Hecht, Frei nach Goethe, Berlin 1965, S. 22 f. (gekürzt)

EUGEN ROTH
(1895–1976)

139 Lob des Kaffees (1964). Aus: Sämtliche Werke, München/ Wien 1977, Bd. 1, S. 226

DANIEL STOPPE
(1697–1747)

38 Cantata (1735). Aus: Ebenda, S. 174 f.
40 Aria (1735). Aus: Ebenda, S. 206 f.
54 Lamento eines Informatoris privati (1735). Aus: Der Parnaß im Sättler, Oder Scherz- und Ernsthaffte Gedichte, Frankfurt und Leipzig 1735, S. 239 f. (gekürzt)
55 Der Caffern wildes Land fängt an und ändert sich (1735). Aus: Ebenda, S. 421

AUGUST STRINDBERG
(1849–1912)

96 Müde ins alte Café er eilet (1889). Aus: Der Schlafwandler. In: Sieben Cyklen Gedichte. Deutsche Übertragung von Emil Schering, München 1923, S. 152 f.

AMBROSIUS STUB
(1705–1758)

49 Ich mach' dünnen Café (um 1750). Zitiert nach: Hanne

Marie und Werner Svendsen, Geschichte der dänischen Literatur, Neumünster / Gyldendal / Kopenhagen 1964, S. 135

LUDWIG THOMA
(1867–1921)

92 Sommermorgenstimmung. Aus: Gesammelte Werke, Bd. 8: Ausgewählte Gedichte und Aufsätze, München 1956, S. 200

DANIEL WILHELM TRILLER
(1695–1782)

46 Lob des Caffe (1747). Aus: Poetischer Betrachtungen, Ueber verschiedene aus der Natur- und Sitten-Lehre hergenommenen Materien, Vierter Theil, Hamburg 1747, S. 72–106 (gekürzt)

KURT TUCHOLSKY
(1890–1935)

114 Kümmernis (1919). Aus: Ausgewählte Werke in 6 Bänden, hg. v. Roland Links u. a., Bd. 1 . . . Fromme Gesänge, Berlin [3]1976, S. 96 f.

OJĀRS VĀCIETIS
(* 1934)

136 Ein Kaffeegedicht (1974). Aus: Stilleben mit Schlange, Baum und Kind, Berlin 1979, S. 45 f. (Nachdichtung: Heinz Kahlau)

JOHANN HEINRICH VOSS
(1751–1826)

63 Der siebzigste Geburtstag (1791). Aus: Gedichte. Erster Band, Hamburg 1785, S. 163–174 (gekürzt)

GEORG WEERTH
(1822–1856)

83 Die deutschen Verbannten in Brüssel (1847). Aus: Werke in 2 Bänden, hg. v. Bruno Kaiser, Bd. 1: Gedichte, Weimar 1963, S. 75 ff. (gekürzt)

ERICH WEINERT
(1890–1953)

117 Kaffee in Cottbus (1925). Zitiert nach: Das Stachelschwein, hg. v. Hans Reimann, Frankfurt (M.) Jg. 2/1925, H. 20, S. 27

CHRISTIAN FELIX WEISSE
(1726–1804)

66 Lob des Caffees (1792). Aus: Briefwechsel der Familie des Kinderfreundes. Zwölfter und letzter Theil, Leipzig 1792, S. 277 ff.

JIŘI WOLKER
(1900–1924)

108 Das Gesicht an der Scheibe (1922). Aus: Ich wachse wie der helle Tag, Leipzig 1977, S. 63 f. (Nachdichtung: F. C. Weiskopf)

JUSTUS FRIEDRICH WILHELM ZACHARIÄ
(1726–1777)

50 Der Eingang zeigt sogleich in einer Schilderei (1744). Aus: Der Renommist. Ein komisches Heldengedicht, Leipzig 1744, S. 40 ff.

ISBN 3-7338-0039-7

1. Auflage

Lizenznummer 295/275/3019/88
LSV 7900
Printed in the German Democratic Republic
Satz und Druck: Graphischer Betrieb Jütte, Leipzig
Einband: Buchbinderei Südwest, Leipzig
Gesamtgestaltung: Eberhard Kahle
698 348 7
01280